FIT FOR BUSINESS

W0039892

In der gleichen Reihe erschienen:

Zur Autorin:

Barbara Schäfer-Ernst ist Beraterin für Rhetorik, Kommunikation und (Selbst-)
Organisation; sie lebt und arbeitet in der Nähe von Stuttgart. Erfolgreiche
Fachautorin

Wir freuen uns über Ihr Interesse an diesem Buch. Gerne stellen wir Ihnen
zusätzliche Informationen zu diesem Programmsegment zur Verfügung.
Bitte sprechen Sie uns an:

E-Mail: walhalla@walhalla.de
http://www.walhalla.de

Barbara Schäfer-Ernst

Geschickt kommunizieren

- Die Kunst des gezielten Smalltalks
- So manövrieren Sie sich nach vorne

FIT FOR BUSINESS

Die Deutsche Bibliothek - CIP-Einheitsaufnahme

Schäfer-Ernst, Barbara:
Geschickt kommunizieren : die Kunst des gezielten Smalltalks ; so manövrieren Sie
sich nach vorne / Barbara Schäfer-Ernst. – 1. Aufl. – Regensburg ; Düsseldorf ; Berlin :
Fit for Business, 2002
  (Fit for business ; 621)
  ISBN 3-8029-4621-9

Zitiervorschlag:
Barbara Schäfer-Ernst, Geschickt kommunizieren
Fit for Business, Regensburg, Düsseldorf, Berlin 2002

  Produktion: Walhalla Fachverlag, 93042 Regensburg
  Umschlaggestaltung: Gruber & König, Augsburg
  Druck und Bindung: Westermann Druck Zwickau GmbH
  Printed in Germany
  ISBN 3-8029-4621-9

Nutzen Sie das Inhaltsmenü:
Die Schnellübersicht führt Sie zu Ihrem Thema.
Die Kapitelüberschriften führen Sie zur Lösung.

Schnellübersicht

Smalltalk, Umgangsformen und Persönlichkeit

Noch vor wenigen Jahren gab es kaum Material zum Thema Smalltalk. Die verbreitete Meinung schien zu sein: Smalltalk ist nur Blabla, Umgangsformen sind antiquiert und Persönlichkeit hat man oder hat man nicht. Ich glaubte allein auf weiter Flur zu stehen mit meinem Interesse für diese Form der Kommunikation und nahm an, die Zielgruppe der Interessenten könne nicht groß sein. Wie ich mich getäuscht hatte! Egal, wo und wann ich das Thema zur Sprache bringe, stets stoße ich auf große Resonanz. So kam es auch zu meiner CD-Produktion „Vom Smalltalk zum Netzwerken. Kleine Gespräche mit großer Wirkung". Tatsächlich gehört die Fähigkeit zum Smalltalk nicht zum Allgemeinwissen und kaum jemand hat sie in der Kindheit so gelernt, dass er oder sie heute virtuos damit umgehen könnte. Dennoch scheint es ein hohes Maß an Überwindung zu kosten, dies auch zuzugeben.

Mittlerweile können Sie auf dem Markt viele Bücher mit den verschiedensten Herangehensweisen zum Smalltalk finden. Was allerdings immer noch fehlt, ist die Auseinandersetzung mit der außerfachlichen Kommunikation im beruflichen und professionellen Umfeld. Dabei sind es gerade Führungspersönlichkeiten, Selbstständige und Menschen mit häufigem Kundenkontakt, denen ein Mangel an Smalltalkfähigkeiten bewusst ist. Häufig sind es Personen, die trainiert sind in selbstbewusstem Auftreten, Meinungsreden, Fachvorträgen, Verhandlungen und zielgerichteter Gesprächsführung, welchen die Aussicht auf Situationen unangenehm ist, in denen fachliche Gespräche und verkäuferische Darstellungen unerwünscht sind: das Abendessen mit dem Kunden, die Jubiläumsfeier beim Lieferanten – oje, über was soll ich bloß reden?

Smalltalk, Umgangsformen und Persönlichkeit

Durch die immer individuellere Prägung unserer Lebens- und Arbeitswelt ist uns allerdings mit den klaren Schemata zu Themen und Umgangsformen früherer Jahre immer weniger geholfen. Was kommt stattdessen? Für mich heißt die Antwort: soziale Kommunikation und stilvolles Auftreten für nachhaltigen Erfolg. Dazu gehört, dass Sie sich Ihrer Persönlichkeit bewusst sind, Profil zeigen (können) und auch eine klare Vorstellung davon haben, was Erfolg für Sie bedeutet. Um der sich daraus ergebenden Vielfalt gerecht zu werden, habe ich für dieses Buch einen sehr strukturierten Aufbau gewählt. Dadurch sollen Sie die Möglichkeit haben, sich sowohl einzulesen und einfach von Anfang bis Ende „dranzubleiben", als auch gezielt nachzuschlagen und konkrete Hinweise für Ihre aktuelle Situation zu finden. Vielleicht denken Sie sich an so mancher Stelle: Das ist doch selbstverständlich. Das kenne ich doch schon. Freuen Sie sich darüber und fühlen Sie sich bestätigt! In meinem Beratungsalltag habe ich gelernt, dass für jeden von uns etwas anderes selbstverständlich ist und häufig auch ein neuer Rahmen für „alte" Selbstverständlichkeiten den Aha-Effekt ausmacht.

Was Sie in diesem Buch interessieren wird

Geschickt kommunizieren in sozialem Umfeld hat viele Aspekte. Sie haben Interesse an der Theorie des Smalltalk? Im ersten Kapitel „Hintergründe zur sozialen Kommunikation" finden Sie zunächst rhetorisch-wissenschaftliche und geschichtliche Ausgangspunkte zum Thema. Außerdem geht es um einige grundlegende Definitionen und Fragen rund um die Begriffe „Umgangsformen" und „Smalltalk".

Im zweiten Kapitel „So gelingen Ihnen erfolgreiches Auftreten und Smalltalk" erhalten Sie Antworten auf Fragen wie: Was macht Situationen sozialer Kommunikation schwierig?, Wie kann ich mich auf solche Situationen vorbereiten?, Wie gehe ich auf die Menschen zu?, Mit welchen Themen lässt sich geschickt kommunizieren?, Wie beende ich diese Gespräche wieder? und Wie beeinflusse ich – außerhalb der gesprochenen Sprache – meinen Smalltalk?

Nach diesen allgemeinen Ausführungen zur geschickten Kommunikation, finden Sie im dritten Kapitel „Jede Situation hat ihre Hürden . . ." Hinweise zu speziellen Rahmenbedingungen. Fünf unterschiedliche Kontexte habe ich für Sie ausgewählt: Ihren Alltag bei der Arbeit, (Geschäfts-)Reisen, Restaurantbesuche, (öffentliche) Fachveranstaltungen und gesellschaftliche Anlässe.

Sie arbeiten in der Dienstleistung oder in einem service-nahen Bereich? Dann interessiert Sie bestimmt das vierte Kapitel „‚Was kann ich für Sie tun?': Smalltalk in Service-Situationen". Service mit Persönlichkeit und Stil ist hier mein Anliegen. Was das bedeutet und wie sich das dem Kunden gegenüber umsetzen lässt, wird hier beantwortet. Zudem habe ich mich noch mit besonders konfliktträchtigen Service-Situationen befasst.

Für viele von Ihnen ist vielleicht Netzwerken ein Anliegen und Sie wollen Smalltalk als Mittel zum Kontakte knüpfen und pflegen verwenden. Da dies meines Erachtens eine Grundvoraussetzung für nachhaltigen Erfolg ist, erhalten Sie im fünften Kapitel „So wird Ihr Stil lebendig – Netzwerken und Smalltalk im Alltag" eine Hinführung, sozusagen vom Smalltalk zum Netzwerken. Bis dorthin sollten Sie schon viele praktische Anregungen für Ihren (Arbeits-)Alltag gefunden haben; nun finden Sie noch drei Hilfen, wie Sie diese auch üben und tatsächlich umsetzen können.

Literaturhinweise, die für Sie in verschiedene Richtungen weiterführend sein können, und das Stichwortverzeichnis zum schnellen Nachschlagen schließen und runden das Buch ab.

Übrigens: Geschickte Kommunikation und stilvolles Auftreten sind Themen, die sowohl Männer als auch Frauen bewegen. Der

Smalltalk, Umgangsformen und Persönlichkeit

Lesefreundlichkeit wegen habe ich mich auf die neutrale (männliche) Form der Anrede beschränkt. Es scheint mir selbstverständlicher zu sein, dass es Kundinnen wie Kunden gibt, Chefinnen wie Chefs und Gastgeberinnen wie Gastgeber, wenn diese nicht extra betont sind.

Zu guter Letzt hoffe ich, dass Sie ebenso viel Spaß an den Illustrationen von Holger Ernst haben wie ich. Danke, Holger, für die gelungene visuelle Unterstützung. Und nun: Viel Spaß beim Lesen und Smalltalken.

Barbara Schäfer-Ernst

Hintergründe zur „sozialen Kommunikation"

1

Ein Blick in die Geschichte

„Gesellschaftliche Beredsamkeit" und ihre Wurzeln

Schon seit der Antike beschäftigt sich die klassische Rhetorik mit Fragen der Beredsamkeit. Im Laufe des 18. Jahrhunderts verfestigte sich dabei die Unterscheidung zwischen „Redekunst" als Theorie der Rhetorik (rhetorica docens) und der „Beredsamkeit", der rhetorischen Praxis (rhetorica utens).

Doch was ist für Sie Rhetorik? In den Köpfen der Menschen spuken vielfältige Vorstellungen von Rhetorik: Andere über den Tisch ziehen, durch Sprache gekonnt manipulieren, mich selbst möglichst vorteilhaft darstellen, durch geschicktes Reden andere zu allem bringen sind häufig genannte Ideen.

Das Seminar für Allgemeine Rhetorik der Universität Tübingen definiert sie dagegen so: „Rhetorik ist ein umfassender Begriff für die Theorie und Praxis der menschlichen Beredsamkeit in allen öffentlichen und privaten Angelegenheiten, ob sie in mündlicher, schriftlicher oder durch die technischen Medien (Film, Fernsehen, Internet) vermittelter Form auftritt."[1]

Vir-bonus-Ideal der Rhetorik

Sie sehen, per definitionem versteht sich die Redekunst oder Beredsamkeit wertneutral. Dies basiert nicht zuletzt auf dem so genannten „Vir-bonus-Ideal" der Rhetorik (das Ideal des guten Menschen). Es verbindet drei Elemente zu einem guten Redner (orator perfectus):

- Gut reden
- Gut sein
- Sich gut darstellen

---

[1] Internet-Text: http://www.uni-tuebingen.de/Rhetorik/definition/rhetorik.htm, Stand: 7. Januar 2002.

Ein guter Redner ist also ein gebildeter, technisch versierter Redner, der auch inhaltlich stark argumentiert. Zudem muss er rechtschaffen und moralisch integer sein – nach dem jeweiligen Verständnis der Zeit – sowie über ein gewandtes Auftreten und Eloquenz verfügen. Die (Rede-)Gewandtheit wiederum, richtet sich nach dem rhetorischen Prinzip der Angemessenheit (aptum).

Die Angemessenheit

Die Angemessenheit gilt seit der Antike als regulierendes Grundprinzip bei der Wahl Ihres Auftretens. Dabei gilt es, die äußeren Umstände, die Zuhörer und die eigene Person des Redners zu berücksichtigen. Richtungsweisend ist hierbei schon bei Aristoteles das Publikum – Sie sehen, Kundenorientierung ist keineswegs eine Erfindung der Neuzeit. Mehr über die Bedeutung der Angemessenheit für den Smalltalk lesen Sie im nächsten Kapitel.

Die moderne Rhetorik unterscheidet das äußere und das innere Aptum. Die äußere Angemessenheit bezieht sich dabei auf die Rahmenbedingungen der Rede und meint damit in erster Linie das Publikum, den Ort, Zeitpunkt und Inhalt des Gesprochenen sowie die Person des Redners. Die innere Angemessenheit betrifft vor allem die sprachliche Ausgestaltung im Verhältnis zur Sache. Die Rede muss also auch in sich stimmig sein.

Die Aufgaben des Redners

Schon nach Cicero hat die Rede drei Wirkungsfunktionen. Daraus leiten sich Ihre Aufgaben als Redner ab:

- Informieren
- Überzeugen
- Unterhalten

Die drei Aufgaben des Redners

- **Informieren:** Das Informieren (lat. docere: belehren, aufzeigen) geschieht über Sachverhalte, Probleme, Situationen, Vorgänge, Abläufe und Ähnliches. Im Vordergrund steht hierbei das „Pragma", der Sach- und Argumentationsgehalt der Situation. Bereits die antike Rhetorik vermutete, dass hiervon die schwächste Wirkung ausgeht. Leitfrage: Wie kann ich die Sache darlegen?

- **Überzeugen:** Eine stärkere Wirkung bescheinigt die antike Rhetorik der Überzeugung (lat. movere: bewegen, mitreißen). Von was müssen Sie als Redner überzeugen? Von Vorgehensweisen, Entscheidungen, Lösungen und nicht zuletzt von sich selbst als dem richtigen Redner, Gesprächspartner oder Gast. Überzeugen richtet sich am „Pathos" aus, der Leidenschaftserregung beim Publikum, ist also kundenorientiert. Leitfrage: Womit kann ich das Publikum motivieren?

- **Unterhalten:** Von einer ebenso starken Wirkung geht die Rhetorik beim Unterhalten aus (lat. delectare: erfreuen). Ziel ist es, Vergnügen und Wohlwollen beim Publikum hervorzurufen. Bringen Sie Ihr Publikum zum Lachen, Schmunzeln, Nachdenken, Erstaunen, Erinnern und transportieren Sie damit auch hier Ihre Sache in die Gefühlswelt der Menschen. Ausgangspunkt dabei ist das „Ethos", die charakterliche Qualität des Redners. Leitfrage: Wie kann ich Vorbild sein?

Wichtig: Diese drei Aufgaben haben Sie auch heute noch in jeder Redesituation zu erfüllen, wenn auch in verschiedener Ausprägung. Während im modernen Fachvortrag sicherlich die Informationsfunktion im Vordergrund steht, dominiert beim Smalltalk der Unterhaltungsaspekt.

Gesellschaftliche Beredsamkeit

Die gesellschaftliche Beredsamkeit – ein Begriff, den Freiherr von Knigge mit seinem Werk „Über den Umgang mit Menschen" prägte – steht also für die praktische Ausgestaltung kommunikativer Kontakte im sozial-gesellschaftlichen und privaten Raum. Dabei orientiert sie sich an den Grundkategorien der klassischen Rhetorik und hat als oberste Vorgabe die angemessene Wirkung des Menschen.

Über den Umgang mit Menschen – gestern und heute

Über die sprachlich-kommunikativen Aspekte hinaus haben sich im Lauf der Jahrhunderte die Menschen auch immer wieder damit befasst, wie wir miteinander umgehen sollen und was angemessenes Verhalten bedeutet. Zwei herausragende Vertreter sind sicherlich Adolph Freiherr von Knigge mit „Über den Umgang mit Menschen" und Baldassare Castiglione mit „Der Hofmann".

„Der Hofmann"

1528 veröffentlichte Castiglione mit seinen Hofmann-Dialogen sein Idealbild des Höflings. Entsprechend dem humanistischhöfischen Bildungsideal ist dieser für ihn ein universell begabter und gebildeter Mensch nach dem Modell des Vir bonus.

Für den an vielen Höfen erfahrenen Castiglione bedeutete das ein hohes Maß an Natürlichkeit, Zwanglosigkeit und Anmut im Auftreten und lebendige und unterhaltsame Darstellung vielfältigen Wissens. Mit Hilfe seiner formulierten Regeln hielt er es auch für Höflinge bürgerlicher Herkunft für möglich, sich zu einem erfolgreichen Stand emporzuarbeiten. Und im gleichen Maß sollten seine Hinweise der persönlichen Weiterentwicklung dienen.

Aus Castigliones „Hofmann" entwickelte sich der Prototyp des Gentleman, der in seiner Art die Jahrhunderte überdauerte. Das Buch selbst wurde zum Leitfaden für gesellschaftlichen Aufstieg und bürgerliche Selbstverwirklichung – sozusagen ein Karriereführer der Renaissance.

Über den Umgang mit Menschen

Mehr als zwei Jahrhunderte nach dem „Hofmann" erschien 1788 Freiherr von Knigges „Über den Umgang mit Menschen".

Knigge verachtet höfisches Maskenspiel. Sein Idealbild des Gesellschaftsmenschen basiert ebenfalls auf dem Vir bonus und seinem humanistischen Interesse. Als Grundpfeiler seines Systems versteht er Moral und Weltklugheit. Der gebildete Mensch verfügt über philosophischen Geist, Gelehrsamkeit und Witz. Zudem ist er harmonisch und achtbar im Umgang mit anderen. All dies ist erlangbar durch Studium und Aufmerksamkeit. Anders als Castiglione sind seine Adressaten jedoch alle Menschen, unabhängig von ihrer gesellschaftlichen Klasse oder Schicht, auch wenn er ein besonderes Augenmerk auf das Bürgertum legt. Knigges Grundaussage lautet: „Jeder Mensch gilt in der Welt nur so viel, als wozu er sich selbst macht."[2]

---

[2] Knigge, Adolph Freiherr von: Über den Umgang mit Menschen, Hrsg. von Gert Ueding, Insel, 1977, Seite 37.

„Über den Umgang mit Menschen" ist ursprünglich eine umfassende Darstellung und gehörte im 19. Jahrhundert zu den Standardwerken an Schulen sowie in den Haushalten gebildeter Familien. Erst die folgenden verfälschenden Bearbeitungen anderer Autoren machten daraus Stück für Stück das einschränkende und kleingeistige Regelwerk, als das uns „der Knigge" heute ein Begriff ist.

Von der Etikette zum stilvollen Auftreten – moderne Umgangsformen

Ziele von Etikette und Umgangsformen

An was denken Sie beim Thema Etikette? An Benimmregeln, steifes und gezwungenes Verhalten, unzählige rigide Vorschriften und langweilige oder nichts sagende Veranstaltungen? Zum Glück sind diese Zeiten vorbei. Tatsächlich jedoch entstammt der Begriff „Etikette" dem Benimm am königlichen Hofe. Damals wurden innerhalb des Adels starre Regeln aufgestellt, um sich vom niederen Volk abzuheben und Standesunterschiede deutlich zu machen. Und so definiert der Duden auch heute noch Etikette als „zur bloßen Förmlichkeit erstarrte offizielle Umgangsform"[3]. Das klingt wenig ansprechend, nicht wahr?

Wenn wir heute von Umgangsformen sprechen, meinen wir genau das Gegenteil: Es geht darum, Kommunikation reibungsärmer – klarer und mit weniger Konflikten – zu gestalten, Unterschiede zu überbrücken und dabei trotzdem einen persönlichen Stil zu pflegen. Das Wissen um die „Spielregeln" soll Ihnen größere Sicherheit in unbekannten oder schwierigen Situationen geben. So gesehen, will das Korsett der modernen Umgangsformen

---

[3] Duden: Das Fremdwörterbuch, Bd. 5, Dudenverl., 1990.

Hintergründe zur „sozialen Kommunikation"

Sie nicht einengen, sondern ausreichend (unter-)stützen und Ihren Spaß am Umgang mit anderen erhöhen. Schließlich macht Ihnen auch jedes andere Spiel umso mehr Spaß, je souveräner Sie die Regeln beherrschen und je freier Sie diese variieren können.

Praxis-Tipp:

Sie wollen mehr über die Spielregeln wissen? In der Literatur-liste finden Sie Empfehlenswertes zum Thema. Meine persön-lichen Favoriten sind die Bücher von Andrea Veller und Inge Wolff.

Höflichkeit als Grundlage aller Umgangsformen

Grundlage moderner Umgangsformen ist die Höflichkeit. Auch „Höflichkeit" – der Begriff geht auf das mittelhochdeutsche „ho-velich" zurück und war zunächst gleichbedeutend mit „höfisch" – kennzeichnete ursprünglich das Benehmen, das sich bei Hofe geziemte. Seit dem 15. Jahrhundert hat „höflich" den Sinngehalt von „wohlerzogen"[4]; heute beinhaltet es sogar einen gesell-schaftsethischen Maßstab. Die Höflichkeit umfasst einen Komplex von Verhaltensstandards und -grundsätzen im Umgang miteinan-der und ist somit Ausdruck von Lebensstilen.

Mit Höflichkeit ist in unserem Lebensumfeld also nicht leeres Phrasendreschen gemeint, im Sinne von „Wie geht es Ihnen" – „Danke, gut", sondern vielmehr ein ehrliches und freundliches Miteinander. Dieses findet auf zwei Ebenen statt: Als Pflichtpro-gramm sollten ein freundliches Lächeln, ein Gruß sowie „Bitte" und „Danke" zu Ihrem Standardrepertoire gehören. Das sind Dinge, die man sich durchaus angewöhnen und damit erlernen kann. (Wenn Sie sich allerdings umsehen, werden Sie feststellen, dass

---

[4] Glück, Helmut: Metzler Lexikon Sprache, Metzler, Stuttgart, 2000.

selbst damit viele Menschen schon überfordert sind.) Das weiterführende Ziel der Kür ist es, dass niemand in Ihrer Gegenwart das Gesicht verlieren muss. Hier helfen Ihnen nur Fingerspitzengefühl und vor allem Sensibilität weiter.

„Pretty Woman" und Umgangsformen

Kennen Sie den Hollywood-Film „Pretty Woman" mit Julia Roberts und Richard Gere? In einer Szene ist Julia Roberts, ein Mädchen von der Straße, mit Richard Gere, einem erfolgreichen Geschäftsmann, sowie dessen Geschäftspartner in einem Restaurant. Trotz aller Vorbereitungen landet auf den Tellern der Gruppe eine Vorspeise, von der Julia Roberts nicht weiß, mit welcher Gabel sie sie essen soll. Der Geschäftspartner, ein älterer, distinguierter Herr, bemerkt ihre Unsicherheit, unterbricht das Geschäftsgespräch mit den Worten „Ich weiß nicht, wie es Ihnen geht, aber ich habe mir nie merken können, was davon zu welchem Gang gehört", und nimmt die Häppchen einfach in die Hand.

Warum finde ich diese Szene so wichtig? Nach den gängigen Tischmanieren hätte die Vorspeise mit einem ganz bestimmten Besteck gegessen werden müssen. Dennoch hat sich der ältere Herr formvollendet in Höflichkeit und Stil verhalten, indem er der Dame am Tisch jede Peinlichkeit (und auch Belehrung) ersparte.

Umgangsformen, Höflichkeit und Smalltalk

Was hat nun Smalltalk mit Höflichkeit und Umgangsformen zu tun? Ganz pragmatisch gesehen ist Smalltalk nichts anderes als die weiterführende praktische Ausgestaltung verbaler Höflichkeit und stilvollen Auftretens. Andererseits benötigen Sie aber auch für den gelungenen Smalltalk das Fingerspitzengefühl und die Sensibilität, die moderne Höflichkeit ermöglichen und kennzeichnen. Was Smalltalk nun genau bedeutet und wie Sie diese Kür beherrschen lernen, lesen Sie in den folgenden Kapiteln.

Interessanter Plausch oder oberflächliches Blabla: Vom Sinn und Unsinn des „kleinen Gesprächs"

Was macht Smalltalk aus?

Oft ist das Wort Smalltalk negativ belegt: Aus dem Englischen übersetzt heißt es „kleines Gespräch", der Duden nennt es „beiläufiges Gespräch". Schnell drängt sich der Eindruck auf, es handle sich um etwas Unwichtiges, ein paar flüchtig und unbedacht dahingesagte Worte – oberflächliches Blabla.

Wie kommt es dann, dass Smalltalk andererseits fast als Wunderwaffe gepriesen wird, insbesondere für Netzwerker? In der Fachliteratur finden sich Übersetzungen, wie „soziale Kommunikation" oder „Kontaktgespräch", und hierin liegt auch der Schlüssel: Smalltalk findet auf der Beziehungsebene statt. Seine Ziele sind abhängig davon, ob und wie gut Sie Ihre Gesprächspartner kennen.

Meine Definition von Smalltalk lautet: Mehrere Personen plaudern miteinander über allgemeine Themen in locker-freundlicher Art, um

- sich selbst wohl zu fühlen,

- sich miteinander bekannt zu machen,

- gegenseitige Verbundenheit zu signalisieren.

Dadurch können Beziehungen geschaffen, gestaltet und gestärkt werden – eine wichtige Aufgabe menschlicher Kommunikation.

Sich selbst wohl fühlen

Wer kennt das nicht: Noch ein paar Minuten bis zum Termin, bis zum Beginn einer interessanten Veranstaltung oder einem wichtigen Geschäftsessen, und einige Menschen im Raum. Drücken Sie sich wie die anderen herum mit einer Tasse, einem Glas in der Hand? Oder sitzen Sie an Ihrem Platz und studieren intensiv die Unterlagen, Ihren Terminplaner oder die Maserung des Tisches? Ein lockeres Gespräch mit den Umstehenden hilft Ihnen, sich in die Situation einzufinden, sich wohl zu fühlen und in eine effektive Arbeit zu starten.

Sich miteinander bekannt machen

Ein weiteres Ziel von Smalltalk ist es, mit Fremden in Kontakt zu treten. So können Sie (potenzielle) Geschäftspartner kennen lernen und eine Basis für das künftige Miteinander schaffen. Finden Sie dazu Gemeinsamkeiten und Verbindungen heraus. Bereits in der Smalltalk-Phase neuer Kontakte stellen Sie fest, ob „die Chemie stimmt"; hier schaffen Sie die angenehme Atmosphäre für Ihre Geschäfte.

Hintergründe zur „sozialen Kommunikation"

Gegenseitige Verbundenheit signalisieren

Mit Personen, die Sie bereits kennen, dient der Smalltalk dazu, sich Zeit füreinander zu nehmen. Damit drücken Sie ein hohes Maß an Wertschätzung aus, auch – und gerade – wenn es keine fachlich-sachliche Notwendigkeit für ein Gespräch gibt. Sie geben Ihrer Beziehung Wichtigkeit und prägen die Art Ihres Miteinanders. Vor dem Sport wärmen Sie sich mit Laufen oder Dehnübungen auf, vor einer Verhandlung oder einem anderen Gespräch tun Sie das mit Smalltalk.

Praxis-Tipp:

Ihre kommunikative Kompetenz ist gefragt. Dies macht deutlich, dass es nicht darum geht, einfach etwas über das Wetter zu sagen, sondern sich gegenseitig „Bälle zuzuwerfen" und auf die Worte Ihres Gegenübers einzugehen – also miteinander und nicht aneinander vorbei zu reden. Versuchen Sie es einmal mit der Paraphrase-Übung und testen Sie, wie gut Sie auf Ihre Gesprächspartner eingehen können.

Partner-Übung: Paraphrasieren

(paraphrasieren = umformulieren und mit eigenen Worten wiedergeben)

Sie unterhalten sich mit einem Gesprächspartner über ein beliebiges Thema, möglichst mit verschiedenen Meinungen.

Nachdem Ihr Gegenüber seine Meinung genannt und kurz begründet hat, wiederholen Sie zunächst in Ihren eigenen Worten, was er gesagt hat. Erst danach und wenn Ihr Gesprächspartner signalisiert, dass er mit der Wiedergabe einverstanden ist, entgegnen Sie Ihre eigene Meinung und Argumentation, indem Sie auf das eben Gehörte eingehen.

Auch hierauf darf Ihr Gegenüber nicht gleich antworten, sondern muss erst wiedergeben, was Sie gesagt haben. Sie schieben also während des gesamten Gesprächs stets die Wiederholung (Paraphrase) zwischen Ihre Aussagen.

Bitte denken Sie daran, die Aussagen umzuformulieren und in Ihre eigenen Worte zu packen (sonst müsste die Übung „Papageien-Übung" heißen). Diese Einstiegsformulierungen können Ihnen dabei helfen: „Du denkst also ...?", „Sie sind also der Meinung, dass ...?", „Verstehe ich Sie richtig, Sie finden ...?"

Bei dieser Übung können Sie feststellen, dass es uns schwer fällt, gut zuzuhören und auf das Gehörte einzugehen. Stattdessen neigen wir dazu, nach den ersten Worten unseres Gesprächspartners abzuschalten und darüber nachzudenken, was wir selbst gleich sagen. Es ist sicher nicht erstrebenswert, jede Bemerkung in unseren Gesprächen zunächst zu wiederholen. Aber in Situationen, in denen es wichtig ist, vom selben Sachverhalt zu sprechen und das Verständnis zu sichern, ist die Paraphrase ein gutes Werkzeug. Beim Smalltalk signalisieren Sie zudem Ihr Interesse und dass Sie Ihr Gegenüber ernst nehmen.

Hintergründe zur „sozialen Kommunikation"

Die soziale Kommunikation bietet Ihnen also vielfältige Möglichkeiten. Und wenn wir uns umsehen, scheint es, als seien manche
Leute die reinsten Künstler auf diesem Gebiet: Menschen, die
immer ein fröhliches Lächeln im Gesicht, ein freundliches Wort
auf den Lippen, und stets die passende Bemerkung parat haben.
Menschen, bei denen das Lächeln echt und das Kompliment ehrlich wirkt. Doch woran wird ein gutes Kontaktgespräch gemes-
sen?

Angemessenheit als Maßstab

Bereits die antike Rhetorik kennt das „aptum", die Angemessenheit, als Kriterium für gelungene rhetorische Kommunikation. Das
bedeutet, ein guter Smalltalker verhält sich in verschiedene Richtungen angemessen:

- sich selbst gegenüber: Was Sie sagen und wie Sie es sagen
  und auftreten, sollte Ihnen selbst angemessen sein. Nur
  was zu Ihnen und dem Unternehmen, das Sie repräsentie-
  ren, passt, ist glaubwürdig und überzeugend.

- dem Gesprächspartner gegenüber: Benutzen Sie die Sprache Ihres Gegenübers und gehen Sie auf dessen Situation
  ein. Mit einer 15j-ährigen Jugendlichen sprechen Sie eben
  anders als mit dem 75-jährigen Professor oder dem Geschäftsführer des mittelständischen Unternehmens aus dem Nach-
  barort, einem Mittvierziger.

- hinsichtlich der Situation: Stil und Form Ihres Auftretens
  hängen von der Situation ab, vom Sachverhalt und der persönlichen Beziehung zwischen Ihnen und Ihren Gesprächspartnern sowie der Vorgeschichte, die Sie, Ihr Gegenüber
  und die Sache haben.

- in Bezug auf den Rahmen: Zu guter Letzt werden Ihre
  Sprache und Ihr Auftreten vom Rahmen beeinflusst, in
  dem Sie handeln – der Branche, in der Sie tätig sind und

der Veranstaltung, auf der Sie sich befinden. Vergleichen Sie einmal Umgangsformen und Sprache auf dem Wohltätigkeitsball und der dringenden Besprechung.

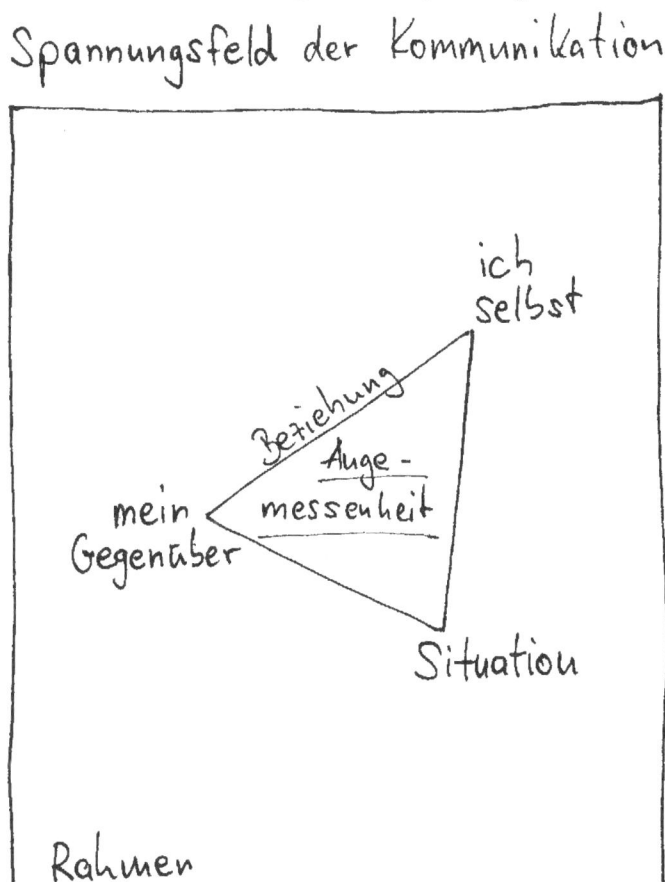

Achtung: Selten stimmt die Angemessenheit in alle Richtungen überein. Damit ist es Ihre Aufgabe, sich in diesem Spannungsfeld mit viel Fingerspitzengefühl und gesundem Menschenverstand zu bewegen. Und vergessen Sie nicht: Bleiben Sie auch Sie selbst!

Ist Smalltalk erlernbar?

Ja, die Techniken sozialer Kommunikation lassen sich lernen. Und sowohl der persönliche Ausdruck als auch Fingerspitzengefühl lassen sich trainieren. Eine Voraussetzung allerdings müssen Sie selbst mitbringen: Neugier.

Ohne Neugierde geht nichts

Kennen Sie Menschen, für die alle anderen dumm sind, die das Leben als Einzige verstanden haben? Ich habe den Eindruck, in jedem Bekanntenkreis finden sich Personen, die stets abschätzig über andere sprechen und auch kein Interesse daran haben, Dinge außerhalb des eigenen Blickfeldes kennen zu lernen und zu verstehen. Ihnen fehlt die natürliche Neugierde im positiven Sinn; eine Offenheit, wie sie sich besonders gut an kleinen Kindern beobachten lässt – jeden Moment entdecken sie Neues.

Echtes Interesse am Menschen ist aber nötig, um ansprechend auf andere zuzugehen. Ohne dieses Gefühl wirkt jede Technik und jedes antrainierte Verhalten unecht. Die Forderung nach Authentizität lässt sich nur so erfüllen.

Praxis-Tipp:

Überprüfen Sie Ihre Einstellung. Wie stehen Sie beispielsweise zu seltsam gekleideten Menschen oder Sammlern exotischer Tiergeräusche?

Sprache ist mehr als Worte

Vielleicht haben Sie schon einmal gehört oder gelesen, dass wir Gesagtes nur zu einem geringen Teil über das gesprochene Wort wahrnehmen – das, was wir sagen. Unsere Stimme, also wie wir es sagen, macht einen deutlich höheren Teil der Wahrnehmung aus und die Körpersprache, wie wir dabei aussehen, gibt den Hauptausschlag. Vergleichen Sie das einmal mit Ihren Erfahrungen oder besser noch, probieren Sie es aus.

Übung: Experiment zur Wahrnehmung

Stellen Sie sich vor, Sie sind in einem fremden Land. Sie machen dort Urlaub und sind zum ersten Mal dort. Die Landessprache ist Ihnen völlig fremd (aber zum Glück kommt man ja mit Englisch und Freundlichkeit fast überall weiter). Sie sitzen dort also gemütlich in der Sonne und nippen an einem Aperitif. Während Sie ein wenig vor sich hinträumen, kommt ein Einheimischer an Ihren Tisch. Er beginnt mit Ihnen zu sprechen und redet – mit Händen und Füßen – auf Sie ein.

Ich gehe davon aus, dass Sie nach kürzester Zeit sagen können, ob Ihnen der Fremde sympathisch ist oder nicht und ob Sie sich weiter mit ihm unterhalten wollen oder nicht. Stimmt das? Worauf basiert Ihre Meinung? Der Inhalt kann es nicht sein, denn vorausgesetzt war, dass Sie die Sprache nicht beherrschen.

Hintergründe zur „sozialen Kommunikation"

Sie sehen, nicht umsonst werden non- und paraverbale Kommunikation (Körper- und Lautsprache) als „Sprache des Herzens" bezeichnet. Körper und Stimme drücken insbesondere unbewusste Empfindungen aus; dabei lassen sie sich nur schwer direkt beeinflussen. Auch die Wahrnehmung körpersprachlicher Signale erfolgt größtenteils unbewusst. So ist uns der (körpersprachliche) Ursprung eines Eindrucks, den wir von einem Menschen haben, oft nicht klar.

Seien Sie glaubwürdig

Empfangen wir nun eine inkongruente, also nicht stimmige Aussage, in der Worte und Körpersprache bzw. Stimme Verschiedenes ausdrücken, führt das zu Irritation. Denken Sie nur an jemanden, der Ja sagt und dabei den Kopf schüttelt.

Achtung: In manchen Kulturkreisen ist das tatsächlich so.

Das Ja ist für uns nicht glaubwürdig, denn der nonverbale Eindruck überwiegt: Wir glauben eher, was wir sehen und empfinden, als was wir hören.

Ob Sie wirklich glauben und fühlen, was Sie sagen, wird demnach besonders außerhalb Ihrer gesprochenen Worte deutlich. Schöne Formulierungen lassen sich recht leicht auswendig lernen. Ohne interessierten Tonfall und offene und angeregte Körperhaltung werden Sie jedoch schnell enttarnt und blitzschnell in die Kategorie „egozentrischer Verkäufertyp, nicht vertrauenswürdig" eingestuft.

Übung: Experiment zum glaubwürdigen Ausdruck

Setzen Sie sich mit einem Übungspartner zusammen und sagen Sie mit Grabesstimme und trübsinniger Miene: „Wie schön, dich zu sehen!". Wie kommt das bei Ihrem Gegenüber an?

Seien Sie präsent

Übrigens wirkt unsere Körpersprache auch in hohem Maße auf uns selbst. Vereinfacht gesagt: So wie wir auftreten, so fühlen wir uns auch. Wir befinden uns hier also in einem Kreislauf, der sich nicht immer leicht unterbrechen lässt. Probieren Sie es aus!

Übung: Experiment zur „Innenwirkung" von Körpersprache

Stellen Sie sich einmal hin und machen Sie sich ganz klein und schmal: Füße zusammen, Beine eng aneinander, Arme vor dem Körper verschränken, Kopf schräg legen, Schultern nach vorne fallen lassen. Wie fühlen Sie sich? Tatkräftig und überzeugend oder eher schwach und passiv?

Praxis-Tipp:

Fühlen Sie sich nicht gut in einer Situation, versuchen Sie einmal, bewusst eine andere Haltung einzunehmen: Greifen Sie nach Getränken, stehen Sie auf, um das Fenster zu öffnen oder zu schließen, besuchen Sie die Toilette oder Ähnliches, um danach mit einer anderen Haltung weiterzumachen. Denn: Präsent sein heißt nicht nur anwesend, sondern auch geistig und körperlich aufmerksam sein.

Smalltalk im Beruf?

Inhalts- und Beziehungsebene

Während ein gepflegtes Gespräch bei gesellschaftlichen Anlässen durchaus Akzeptanz findet, wird Smalltalk im Beruf mit sehr viel mehr Skepsis betrachtet. Zwar steht auch innerhalb von Unternehmen außer Frage, dass es bei der Zusammenarbeit von Menschen stets zwei Ebenen gibt: Inhalt und Beziehung, und dass ohne eine funktionierende Beziehungsebene inhaltliche Themen nicht gelöst werden können. Dennoch gelten Trainingsmaßnahmen überwiegend dem Inhalt. Beziehungspflege kommt erst ins Programm, wenn es bereits zu Schwierigkeiten und Konflikten gekommen ist.

Wichtig: Ähnlich wie bei der Kundengewinnung ist jedoch auch hier die geschicktere und (kosten-)günstigere Variante, es erst gar nicht so weit kommen zu lassen. Ihr Mittel dazu: Smalltalk im richtigen Maß und in der richtigen Güte.

Veränderung der Arbeitswelt

Hinzu kommt, dass unsere Arbeitswelt einem starken Wandel unterworfen ist. Dies sorgt für geänderte Spielregeln; informelle geschäftlich-gesellschaftliche Situationen rücken mehr und mehr in den Vordergrund: Geschäftsessen, Firmenpartys, Netzwerktreffen. Deshalb stehen solche Situationen auch im Mittelpunkt dieses Buchs.

Freie und institutionalisierte Situationen

Grundsätzlich lassen sich zweierlei Rahmen für Smalltalk unterscheiden: freie und institutionalisierte Situationen.

Die freien Smalltalk-Situationen finden Sie überall, wo Sie Menschen begegnen, ohne dies zuvor vereinbart zu haben oder eingeladen worden zu sein: beim Bäcker, im Supermarkt, in der Kantine, am Firmen-Empfang, in der Kaffee-/Teeküche und so weiter. Hier findet ein hohes Maß an Austausch statt, eingeleitet durch mehr oder weniger ausführlichen Smalltalk. Der hohen Bedeutung dieser Situationen tragen manche Firmen Rechnung, indem Sie besondere Bereiche für Ihre Mitarbeiter einrichten und informelle Kommunikation ausdrücklich befürworten. Interessante Aspekte hierzu bietet Ihnen „Belegschaftskultur im Schatten der Firmenideologie" von Andreas Wittel.

Hintergründe zur „sozialen Kommunikation"

Demgegenüber stehen institutionalisierte Situationen, die dadurch gekennzeichnet sind, dass sie vorab geplant wurden: Betriebsfeiern, Meetings und Besprechungen, Cocktailpartys, Kunden-Essen, Messe-Events und vieles mehr.

Während Sie also in einer freien Situation auf Ihre bestehenden Fertigkeiten und Ihre Intuition zurückgreifen, haben Sie bei institutionalisierten Situationen die Möglichkeit, sich gezielt darauf vorzubereiten. Aus diesem Grund liegt mein Schwerpunkt zunächst auch auf diesen Gelegenheiten; hier können Sie üben und gewinnen die Sicherheit, auch in spontanen Momenten souverän und geschickt zu agieren.

So gelingen Ihnen erfolgreiches Auftreten und Smalltalk

2

Leichte und schwierige Situationen

Smalltalk-Situationen begleiten uns durch unser ganzes Leben. Während wir jedoch beim Bäcker noch ganz locker plauschen, fällt uns das auf der Grillparty des neuen Nachbarn schon schwerer, und beim Hummer-Essen mit dem potenziellen Kunden werden Speise und Smalltalk zur Qual. Drei Gründe spielen hier eine entscheidende Rolle:

- Die Übung
- Die Dauer
- Die Wichtigkeit

Die Übung

Mit Situationen, die uns geläufig sind, gehen wir souverän um. Wir haben sie so oft erlebt, dass wir alle Ausprägungen des Geschehens kennen. Es kann kaum etwas passieren, was wir in diesem Zusammenhang nicht schon wissen und womit wir umzugehen verstehen.

Bei den für uns schwierigeren Situationen dagegen begeben wir uns auf fremdes Terrain und der Verlauf ist weniger abwägbar. Wir sind uns unserer Umgangsformen und unseres Esprits im Gespräch nicht mehr sicher. Dadurch erscheint die Situation uns gefährlicher, bis wir durch Lernen und Übung auch hier an Souveränität gewinnen.

Sie können nun warten, bis sich diese Situationen so häufig wiederholt haben, dass Sie sich locker fühlen, oder aber diesen Effekt durch gezieltes Üben schneller herbeiführen:

Praxis-Tipp:

- Überlegen Sie: In welchen Situationen erleben Sie Smalltalk verschieden schwierig? Fertigen Sie eine Liste an und bestimmen Sie die Reihenfolge nach Ihrem persönlichen Schwierigkeitsgrad in aufsteigender Folge.

- Üben Sie: Nun suchen Sie im Alltag konsequent nach Smalltalk-Situationen zum Üben. Mit 1., dem leichtesten Punkt beginnend, steigern Sie sich kontinuierlich, bis Sie sich auch in den schwierigeren Momenten sicher und souverän fühlen. Üben Sie Situationen der kleineren Stufe so lange, bis Sie sich fit für die nächste Stufe fühlen.

- Reflektieren Sie: Denken Sie auch nach jeder Smalltalk-Situation darüber nach, was passiert ist, wieso das passiert ist und was anders hätte laufen können. Was haben Sie gesagt und wie haben Sie sich verhalten? Und was hätten Sie noch sagen können oder anders sagen können, oder wie hätten Sie sich anders verhalten können?

Die Dauer

Für Situationen, die nur kurz andauern, reicht unser Repertoire an Themen und Benehmen meist aus. Eine interessante Frage oder geistreiche Bemerkung mit dem angemessenen Auftreten fällt uns nicht schwer. Je länger jedoch die Situation anhält, desto eher laufen wir Gefahr, uns „daneben zu benehmen" oder einfach keine weiteren unverfänglichen Themen mehr „auf Lager" zu haben. Auch hier sind Übung und Vorbereitung der Schlüssel für Ihren Erfolg. Und nutzen Sie doch diesen Effekt, anstatt schwierige Situationen ganz zu meiden:

Praxis-Tipp:

Zeigen Sie sich kurz: Wagen Sie auch „Ausflüge" in die höheren Kategorien Ihrer Liste aus der vorigen Übung. Bevor Sie sich gekonnt aus schwierigen Situationen verabschieden, stellen Sie gezielt eine Frage oder machen Sie eine Bemerkung. So erhöhen Sie Ihre Routine, bauen Hemmschwellen ab und machen sich gleichzeitig bemerkbar, ohne sich dabei zu überfordern.

Das ist ähnlich wie in der Schule. Hatten Sie nicht auch Klassenkameraden, die stets die einfachen Fragen beantworteten? Eine Schulfreundin von mir ging so vor. So viel Eifer fiel unseren Lehrern auf, und so wurde sie bei den schwierigen Fragen gar nicht mehr angesprochen. Wie habe ich sie damals um diese Fähigkeit beneidet!

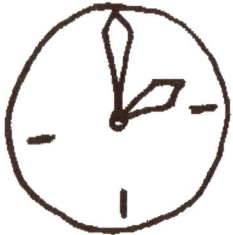

Das Zeitfenster

Ein Smalltalk unter Westeuropäern dauert ab fünf bis ungefähr zehn Minuten. In kürzerer Zeit wechseln Sie zwar ein paar Sätze, bauen jedoch noch keine Beziehung auf. Dauert Ihr Gespräch länger als 15 Minuten und verlässt es dabei nicht die Smalltalkebene, müssen Sie damit rechnen, dass Ihnen Oberflächlichkeit unterstellt wird oder der bemühte Versuch, auf großer Distanz zu bleiben. Damit kehrt sich der Smalltalk-Effekt um.

Praxis-Tipp:

- Bei Smalltalk als Einleitung für andere Gespräche (z. B. für Verhandlungen) leiten Sie nach fünf bis zehn Minuten auf das Hauptthema über. (Natürlich sollte das zeitliche Verhältnis von Smalltalk zu Themenbearbeitung angemessen sein; rechnen Sie also mit genügend Gesamtdauer!)

- Bei Smalltalk als Kontaktknüpfer (z. B. auf einer Party) wechseln Sie nach fünf bis zehn Minuten den Gesprächspartner. Bitte denken Sie daran: Auch wenn Ihr Gespräch sehr interessant ist, so ist das nicht der Rahmen für ausführlichen und langen Austausch. Auch die anderen Gäste sollen die Möglichkeit haben, Kontakt mit Ihrem Gesprächspartner zu knüpfen. Seien Sie also nicht vereinnahmend und egoistisch, sondern verabreden Sie sich mit ihm lieber zu einem ausführlicheren Gespräch.

- Bei Smalltalk mit dauerhaft gleichen Partnern (z. B. beim Geschäftsessen) zeigen Sie sich nach zehn bis 15 Minuten von einer persönlicheren Seite, indem Sie z. B. von Ihrer Familie erzählen. (Selbstverständlich sind Vertraulichkeiten und intime Details nach wie vor tabu! Lesen Sie mehr darüber bei den Themen des Smalltalk.)

Natürlich gibt es auch bei der Dauer des Smalltalk verschiedene Bedürfnisse. Wenn sich Ihr Gast noch sehr unwohl fühlt, kann das auf eine zu kurze Kennenlernphase im Gespräch schließen lassen. Es kann jedoch genauso gut bedeuten, dass ihm der Ablauf Ihres Treffens nicht klar ist, er sich mit dem Thema nicht wohl fühlt, er unter Zeitdruck steht, ihm kalt/warm ist, er Durst/Hunger hat oder vieles mehr. Wenn Sie schon alle Äußerlichkeiten berücksichtigt haben, fragen Sie doch einfach („Was kann ich tun, um uns das Gespräch angenehm zu machen?").

Die Wichtigkeit

Im Allgemeinen haben geschäftliche Situationen für uns einen hohen Stellenwert. Je wichtiger wir nun eine Situation einschätzen und je größer unser Wunsch ist, einen guten (professionellen, kompetenten, sympathischen, zuverlässigen) Eindruck zu hinterlassen, desto höher sind die Anforderungen, die wir an uns stellen, und desto schwieriger wird damit die Situation für uns.

Sie wollen perfekt sein? Das ist jedoch keine Lösung: Perfektion ist unerreichbar und auch nicht gerne gesehen. Perfekte Personen wirken häufig unnahbar und wenig menschlich. Viel wichtiger ist hier, mit den eigenen Schwächen umgehen zu lernen und Strategien zu entwickeln, mit Fauxpas souverän zu verfahren. Sie werden sehen: Ihr Auftreten wird lockerer, und es passiert nur selten ein „Unglück"!

Selbstbefragung

- Welchen Eindruck will ich in dieser Situation machen?

- Wie kommt ein solcher Eindruck zustande?

- Durch welche Aspekte in meinem Auftreten/Smalltalk kann ich diesen Eindruck hervorrufen?

- Werde ich mich dann noch wohl fühlen? Ist das realistisch?

Übrigens: In der Literatur- und Hörbuchliste finden Sie mehr Hinweise zum souveränen Umgang mit Fauxpas, Angriffssituationen, Selbstdarstellung und Eigenanforderungen.

Praxis-Tipp:

Ein kleiner Trick zur Selbstüberwindung: Untersuchungen haben gezeigt: Je länger wir mit einem Beitrag warten, desto größer wird unsere Überwindung, diesen auch zu leisten. Also machen Sie es sich zum Prinzip, in den ersten drei Minuten einer Veranstaltung etwas zu sagen oder zu fragen, so kann sich Ihre Hemmschwelle gar nicht erst aufbauen.

Die richtige Vorbereitung

Vier Fragen zur Klärung

Im geschäftlichen Umfeld gehört Vorbereitung zum üblichen Vorgehen: Besprechungen, Präsentationen, Verhandlungen, Akquisegespräche werden vorbereitet. Wir kümmern uns um effektive Visualisierung, planen das strategische Vorgehen und bereiten den fachlich-sachlichen Inhalt auf. Ein solcher Plan hilft uns auch für die geschäftlich-gesellschaftlichen Gelegenheiten. Mit vier Fragen können Sie den Rahmen der Situation klären:

- Was ist der Zweck der Veranstaltung?

- In welchem Rahmen findet die Veranstaltung statt?

- Mit welchem Publikum ist zu rechnen?

- Wer ist Gastgeber?

Die Antworten auf diese vier Fragen helfen Ihnen bei der Vorbereitung und damit bei Ihrem erfolgreichen Auftreten:

Was ist der Zweck der Veranstaltung?

Aus dem Anlass Ihres Treffens lässt sich häufig schon die nötige Intensität Ihrer Vorbereitung und Ihr angemessenes Auftreten ableiten: Smalltalk-Themen, Dauer, Kleidung etc. Hier eine Auswahl an Möglichkeiten, die meist in Kombination auftreten:

- Tragfähige Ergebnisse zu einem Sachthema sollen erzielt werden (z. B. Verhandlung, Besprechung).

- Informationen sollen weitergegeben werden (z. B. Seminar, Infotag).

- Wissen soll gebündelt werden (z. B. Expertendiskussion, Forum).

- Austausch zu einem Sachthema soll stattfinden (z. B. Workshop, Besprechung).

- Allgemeiner Austausch soll stattfinden (z. B. Netzwerktreffen, Geschäftsessen).

- Sie wollen/sollen sich kennen lernen (z. B. Party, Besprechung).

- Die Beziehung zwischen den Teilnehmenden soll verbessert werden (z. B. Party, Weiterbildung).

- Eine Person soll vorgestellt werden (z. B. Umtrunk, Besprechung).

- Werke/Produkte/Dienstleistungen sollen vorgestellt werden (z. B. Vernissage, Infotag).

- Waren/Dienstleistungen sollen verkauft werden (z. B. Besprechung, Geschäftsessen).

- Der Erlös soll einer guten Sache gespendet werden (z. B. Kulturereignis, Party).

Welcher mögliche Anlass fällt Ihnen noch ein?

In welchem Rahmen findet die Veranstaltung statt?

Auch die Äußerlichkeiten der Situation lassen bereits Rückschlüsse auf den Zweck und das Publikum, das erwartete Auftreten und

Ihre Vorbereitung zu: Die Abendeinladung Ihrer Geschäftspartner kann in einem urigen Bierkeller sein oder ins Sterne-Restaurant führen. Die Verhandlung kann im Besprechungsraum der Abteilung X oder im Tagungshotel stattfinden. Die Besprechung kann auf 30 Minuten oder fünf Stunden angesetzt sein. Und so weiter. Beachten Sie vor allem diese Aspekte:

- Räumlichkeit: Wo findet das Treffen statt?

- Tagesordnung: Was soll fachlich-sachlich passieren?

- Zeitrahmen: Wie viel Zeit ist eingeplant?

Meistens können Sie diese Informationen der Einladung entnehmen. Und scheuen Sie sich nicht, vorab den Ort des Geschehens in Augenschein zu nehmen.

Mit welchem Publikum ist zu rechnen?

Auch diese Information finden Sie im geschäftlichen Umfeld häufig in der Einladung: Achten Sie auf den Verteiler! Wenn Sie sich bei den genannten Personen nicht sicher sind, fragen Sie Ihren Ansprechpartner nach den Funktionen. In Einzelfällen können Sie auch die Telefonzentrale des einladenden Unternehmens anrufen und dort nachfragen. Zusätzlich helfen Ihnen diese Fragen weiter:

- Wie sind Stil und Auftreten der Einladenden?

- Wer sind (vermutlich) die Kunden/Freunde des Hauses?

- Welches Publikum spricht diese Art von Veranstaltung an?

Und wo auf einer Skala von „modern-progressiv" bis „konservativ-bodenständig" ordnen Sie diese Menschen ein?

modern-progressiv |————————————| konservativ-bodenständig

So gelingen Ihnen erfolgreiches Auftreten und Smalltalk

Wer ist Gastgeber?

Die Person, die Sie einlädt, natürlich! Aber ist das immer so klar? Überlegen Sie sich, wer das ist, wer dahinter steckt und ob es auch noch einen Organisator gibt (evtl. die Sekretärin/Assistentin). Warum ist das so wichtig? Die Person, die als Gastgeber fungiert, ist Ihr Ansprechpartner für alle Fragen vorab, auf diese Person stimmen Sie das Gastgeschenk ab und sie ist Ihre erste Anlaufstelle vor Ort.

Sie können diese Fragen nicht beantworten?

Auch die Einladung/Tagesordnung gibt Ihnen nicht die nötigen Hinweise? Dann rufen Sie Ihren Ansprechpartner an: Er wird Ihnen die nötigen Auskünfte geben. Und denken Sie daran, Sie zeigen sich durch Ihre Nachfragen als aufmerksamer und interessierter Gast, der sich aktiv am Erfolg der Veranstaltung beteiligt. Das kommt gut an.

Übrigens: Sind Sie „nur" mündlich eingeladen worden, ist das auch ein Hinweis auf eine eher lockere Veranstaltung.

Neun Schritte zur Vorbereitung

Nachdem Sie die Situation nun vor Augen haben, können Sie sich an die konkrete Vorbereitung machen. Eine konsequente Planung wird Ihnen bald in Fleisch und Blut übergehen. Hier die neun wichtigsten Aspekte, die Sie vorab bedenken sollten:

- Ihr Ziel
- Ihre Begleitung
- Essen und Trinken
- Der Blick in die Zeitung
- Ihre Themen

- Die Bekleidungsfrage
- Ihre Visitenkarten
- Das Gastgeschenk
- Die Vorfreude

Ihr Ziel

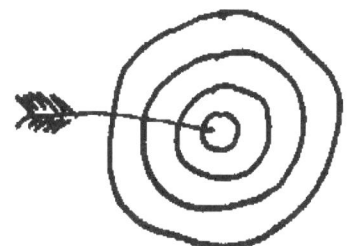

Hier liegt der Dreh- und Angelpunkt für Ihren Erfolg. Wenn Ihnen klar ist, mit welchen Zielen Sie eine Veranstaltung besuchen,

- haben Sie die Grundlage für Ihre Motivation,
- wissen Sie, wann Sie – mit einem guten Gefühl – wieder gehen können (bei unbegrenzt angesetzter Dauer).

Denken Sie an die Merkmale, die Ziele von Ideen oder Träumen unterscheiden. Ziele sind

- konkret und eindeutig
- positiv und realisierbar
- messbar und planbar

also definierbar nach Qualität, Quantität, Zeit und Raum.

Damit ist „interessante Gespräche führen" kein Ziel, denn unklar ist: Was verstehen Sie unter „interessant"? Nach wie vielen Gesprächen gehen Sie zufrieden nach Hause bzw. war die Veranstaltung für Sie ein Erfolg? Ein Ziel könnte lauten: „Mich mit dem

So gelingen Ihnen erfolgreiches Auftreten und Smalltalk

Projektverantwortlichen bekannt machen und seine Hobbys erfahren" oder „Mit mindestens drei Teilnehmenden sprechen und dabei neue Aspekte zum Thema hören".

Setzen Sie Ihre Ziele nicht zu hoch an, sonst können Sie sich nur schwer überwinden und auch Enttäuschungen sind vorprogrammiert. Schließlich soll Ihr oberstes Ziel ja sein, Spaß zu haben!

Ihre Begleitung

Ob Sie alleine oder in Begleitung eine Veranstaltung besuchen, ist im Prinzip sehr einfach: Private Gelegenheiten werden üblicherweise mit Lebenspartner veranstaltet. Dagegen betrifft Geschäftliches Sie selbst (und nur Sie selbst). Wollen Sie Assistenten oder andere Mitarbeitende zu einem Geschäftstermin mitnehmen, informieren Sie den Gastgeber vorab mit einer freundlichen Begründung und erfragen Sie seine Zustimmung. Er kann dieses Anliegen kaum ablehnen, ohne Ihre Geschäftsbeziehung zu belasten.

Und wie ist es nun mit geschäftlich-gesellschaftlichen Situationen, wie Jubiläumsfeiern, Sommerfesten, etc.? Auch hier gilt, was in der Einladung steht; ist diese nicht aussagekräftig, fragen Sie nach. Ist Ihr Lebenspartner mit eingeladen, sollten Sie das respektieren. Damit sich die Gelegenheit positiv und reibungslos für Sie gestaltet, sprechen Sie sich mit Ihrer Begleitung ab.

Absprachen mit der Begleitung

- Besprechen Sie vorab gemeinsam Ihre Ziele.

- Informieren Sie Ihre Begleitung vorab über wichtige Zusammenhänge und Personen (einschließlich der korrekten Namen).

---

noch: Absprachen mit der Begleitung

- Machen Sie unauffällige Zeichen aus, um sich zu signali-sieren: „Bitte unterbrich das Gespräch jetzt nicht" oder „SOS, hilf mir hier weg!".

- Bewegen Sie sich vor Ort auch alleine. Wenn Sie stets im „Doppelpack" sind, können sich wichtige und interessan-te Kontakte und Gespräche schwerer entwickeln.

- Selbstverständlich gelten alle noch folgenden Regeln und Hinweise zu Auftreten und Umgang gleichermaßen für Sie wie für Ihre Begleitung.

Sie sehen, Begleitung kann sehr hilfreich für eine erfolgreiche Ver-anstaltung sein.

Essen und Trinken

Erinnern Sie sich an Scarlett O'Hara aus „Vom Winde verweht"? Sie musste vor Gesellschaften stets essen, damit Sie (künftigen Heiratskandidaten) nicht gefräßig erschien. Diese Zeiten sind glücklicherweise vorbei. Dennoch machen auch Sie weder mit vor Hunger knurrendem Magen noch ans Büffet stürzend mit vollem Mund auf Ihren Chef oder Geschäftspartner den besten Eindruck.

So gelingen Ihnen erfolgreiches Auftreten und Smalltalk

Auch mit Fettflecken überreichte Visitenkarten bleiben zwar in Erinnerung – aber ist das so in Ihrem Sinne? Und selbstverständlich gehen Sie nüchtern zu solchen Veranstaltungen. Auch das berühmte Gläschen Sekt zur Anregung oder Beruhigung vorab verkneifen Sie sich besser.

Sind Sie zu einem Essen eingeladen und leiden unter Lebensmittelunverträglichkeiten oder ernähren sich vegetarisch, informieren Sie bitte vorab Ihre Gastgeber. Am besten gleich mit dem Dank für die Einladung. Diese sind um ein harmonisches Mahl bemüht und kommen Ihnen gerne entgegen. Das ist für alle Seiten angenehmer, als wenn Sie an der gedeckten Tafel die Speisen nicht essen können.

So viel zur Vorbereitung in Sachen Essen und Trinken. Über den Benimm bei Tisch – auch falls es doch einmal passiert – später mehr.

Der Blick in die Zeitung

Häufig höre ich: „Fällt Ihnen nichts Originelleres ein als Zeitung lesen?!" Für viele Menschen scheint das keinesfalls selbstverständlich und tatsächlich gibt es gute Gründe, für Smalltalk-Situationen über das tagesaktuelle Geschehen informiert zu sein:

- Diese Themen werden gerne angeschnitten, und Sie können mitreden.

- Sie selbst haben eine Vielfalt an Themen zur Wahl.

- Sie zeigen sich interessiert am Geschehen in der Welt; das macht Eindruck.

Die Tageszeitung des Veranstaltungstages zu lesen, kann jedoch höchstens eine Notfallstrategie sein. Ohne die nötigen Zusammenhänge werden Sie schnell entlarvt. Lesen Sie daher regelmäßig eine Zeitung Ihres Geschmacks.

Praxis-Tipp:

Sie haben Zeitnot? Die großen überregionalen Tageszeitungen gibt es auch im „Samstagsabonnement", oder entscheiden Sie sich für eine Wochenzeitung.

Ihre Themen

Nachdem Sie sich nun über die tagespolitischen Themen informiert haben, überlegen Sie sich, welches Ihre „Herzblut-Themen" sind.

Ein „Herzblut-Thema" ist ein Thema, bei dem Sie leidenschaftlich werden können und das etwas über Sie persönlich aussagt. Solche Themen finden Sie meist in diesen Bereichen:

- Sie selbst

- Ihre Hobbys

- Ereignisse aus Ihrer nahen Vergangenheit oder Zukunft

- Besondere Erlebnisse in Ihrem Leben

- Ihr letzter oder bevorstehender Urlaub

- Ihre Familie

- Tagespolitische Themen, die Sie persönlich betreffen oder über die Sie besonders gut informiert sind

Praxis-Tipp:

Erzählkunst ist erlernbar! Bereiten Sie Ihre Eigenvorstellung und einige Anekdoten vor, indem Sie sich die Formulierungen überlegen und laut „vorversprachlichen". So können Sie flüssig erzählen und Ihre Geschichten kurz und prägnant sowie mit Pointen versehen darstellen. (Über den Aufbau einer Eigenvorstellung mehr im nächsten Kapitel.)

So gelingen Ihnen erfolgreiches Auftreten und Smalltalk

Die Bekleidungsfrage

Zum guten Auftreten gehört natürlich auch das richtige Outfit. Nur: Wie sieht das aus? Besonders von drei Faktoren ist es abhängig:

- Ihre Persönlichkeit, Ihr Alter, Ihr Status im Umfeld
- Tageszeit (Je später am Tag/Abend, desto eleganter die Kleidung.)
- Anlass (von der internen Besprechung bis zur festlichen Abendveranstaltung des Kunden)

Ihre Aufmachung sollte stets Ihre Persönlichkeit positiv unterstreichen. Leider wird dabei häufig vergessen, dass Ihr Aussehen auch Teil des Respekts ist, den Sie Ihren Geschäftspartnern, Kunden, Gastgebern zollen!

Im Geschäftsleben dominieren nach wie vor gedeckte Farben und klassische Formen. Orientieren Sie sich an den Gepflogenheiten Ihres Hauses ebenso wie an denen des Kunden oder Gastgebers, ohne dabei Ihre persönliche Note aufzugeben. Im Zweifelsfall scheuen Sie sich auch hier nicht, Ihren Ansprechpartner nach dem Dresscode zu fragen.

Die übliche Kleidung im Geschäftsalltag der Gastgeber gibt Ihnen auch für deren geschäftlich-gesellschaftliche Gelegenheiten Hinweise, ebenso wie Vermerke auf der Einladung. Auch hier gilt: Fragen Sie, wenn Sie sich nicht sicher sind.

Der schnelle Weg zum passenden Aussehen

- Falls Sie fürchten, overstyled oder underdressed zu sein, bauen Sie vor. Klassische Schnitte in gedeckten Farben lassen sich leicht anpassen, wenn Sie einige wenige Utensilien einpacken:

- Herren können den dunklen Anzug mit hellem Hemd und fröhlicher Krawatte als legere Variante vorlegen. Fühlen Sie sich immer noch zu gut gekleidet, legen Sie Ihre Krawatte ab und öffnen den Kragenknopf, vielleicht legen Sie sogar das Jackett ab und krempeln die Hemdärmel sorgfältig (!) auf. Umgekehrt wird dieses Outfit zum festlichen Dreiteiler durch die passende Weste, eine elegante dunkle Krawatte sowie eine edle Krawattennadel. (Ihr zusätzliches Gepäck: Weste, zweite Krawatte, Krawattennadel.)

- Frauen haben noch mehr Spielraum (je nach Gepäckmenge). Grundgarderobe ist ein elegantes Kostüm, Hosenanzug oder Kleid in klassischer Form und gedeckter Farbe. Locker wirkt dies mit Blazer, flachen Schuhen, ohne oder mit dezentem Schmuck, buntem Seidentuch, natürlichem Make-up und sportlicher Handtasche. Blitzschnell festlich verändern können Sie sich durch einen extravaganten Lippenstift oder sogar Glitzer auf Dekolleté und Haaren, hohen eleganten Schuhen, Abendhandtäschchen und festlichem Schmuck, insbesondere Halsketten und Colliers, und einer festlichen Seidenstola statt des Blazers. (Ihr zusätzliches Gepäck: zweiter Lippenstift, Glitzergel oder -puder, Schmuck, zweite Handtasche, zweites Paar Schuhe, Seidenstola.)

- Ein kurzer Besuch im Waschraum genügt, und Ihr zusätzliches Gepäck deponieren Sie dann entweder an der Garderobe oder im Auto.

So gelingen Ihnen erfolgreiches Auftreten und Smalltalk

Ihre Visitenkarten

Stecken Sie ausreichend Visitenkarten ein, bevor Sie aus dem Haus gehen. Diese sollten auf jeden Fall griffbereit und ordentlich verstaut sein – sauber und ohne Knicke. Besonders stilvoll bewahren Sie die Karten in speziellen Täschchen oder Boxen auf.

Ihren Ursprung hat die Visitenkarte als Besuchskarte, die mit Namen und Titel einen vorsprechenden Gast ankündigte. Heute ist sie ein gängiges Informationsmedium, vor allem im Geschäftsalltag, aber auch im Privatleben. Über die reine Information hinaus dient Sie auch der Merkhilfe, damit Sie sich korrekt ansprechen können:

- Geschäftskarten: Die Geschäftskarte enthält außer der Firmierung Ihres Arbeitgebers bzw. Ihres eigenen Unternehmens Ihren vollständigen Namen (je nach Firmengepflogenheiten mit oder ohne Titel), Ihre Position im Unternehmen sowie alle Kontaktdaten (Liefer- und Postadresse, Telefon- und Telefaxnummern, E-Mail- und Web-Adressen).

- Private Visitenkarten: Haben Sie keine Geschäftskarte oder sind Sie außer für Ihr Unternehmen auch als Netzwerker unterwegs, bietet sich für Sie eine (zusätzliche) private Visitenkarte an. Hier stellt sich die Frage nach dem Umfang der Informationen jedoch ganz anders (nicht nur für Frauen): Drucken Sie alle Daten, die für Sie wichtig sind und die zum Umfeld passen, in dem Sie sie benutzen wollen. Auf die private Visitenkarte gehören daher eher keine akademischen Titel. Außerdem geben Sie diejenigen Kontaktdaten weiter, über die Sie auch kontaktiert werden wollen: Adresse? E-Mail? Telefon? Mobilfunk? Bitte entscheiden Sie selbst.

Über den Umgang mit Visitenkarten bzw. wann Sie sie wie übergeben, lesen Sie mehr im nächsten Kapitel.

Das Gastgeschenk

In Situationen mit Ihren Kunden und Geschäftspartnern, die Sie als außergewöhnlich oder besonders wichtig erachten, sollten Sie frühzeitig an ein Gastgeschenk denken. Am Tage vorher reicht es höchstens noch für zweitklassige Notlösungen. Beachten Sie dabei diese Regeln:

- Das Gastgeschenk wird auf die Person abgestimmt, die als Gastgeber fungiert, dabei sollten Sie im Geschäftsleben nicht zu persönlich sein. Fragen Sie jedoch nicht direkt nach Wünschen, höchstens eine vorsichtige Anfrage bei der Sekretärin ist akzeptabel.

- Bei geschäftlichen Gelegenheiten darf es ein Werbegeschenk sein, bei geschäftlich-gesellschaftlichen Gelegenheiten keinesfalls ein Geschenk mit Werbeaufdruck!

- Der Umfang des Geschenkes sollte der Intensität des Kontaktes und dem Anlass angemessen sein.

- Wählen Sie im Geschäftsleben Geschenke keinesfalls zu üppig oder zu teuer, um keine Verdachtsmomente aufkommen zu lassen!

Wichtig: In einer regelmäßigen Besprechung ist ein Gastgeschenk unnötig, zum Vertragsabschluss möglich, beim Jubiläumsfest unabdingbar!

Praxis-Tipp:

- Sind Sie in den Privatbereich Ihres Geschäftspartners eingeladen oder zu einer Veranstaltung mit Partnern, sind Blumen für die Frau des Hauses (auch wenn sie Ihre Geschäftspartnerin ist) stets eine schöne Geste.

- Bei größeren Veranstaltungen können Sie diese auch vorab schicken. So ersparen Sie der Gastgeberin die Vasensuche und erlauben ihr, sich ganz um die Gäste zu kümmern.

So gelingen Ihnen erfolgreiches Auftreten und Smalltalk

Die Vorfreude

Sie haben nun Ihre Ziele formuliert, sich mit Ihrer Begleitung abgesprochen, eine Kleinigkeit gegessen, sind über Aktuelles informiert und haben einige interessante Geschichten auf Lager. Sie
sind angemessen gekleidet, haben ausreichend Visitenkarten ein-
gesteckt und das Gastgeschenk ist auch schon stilvoll verpackt.
Nur eines fehlt Ihnen, Sie haben überhaupt keine Lust! Vielleicht
sind Sie aufgeregt oder haben sogar ein klein wenig Angst (oder
all die Ausreden, die wir so finden)?

In dieser Stimmung ist es nicht einfach, den Smalltalk-Zielen gerecht zu werden: Sie werden sich kaum wohl fühlen in der Situation. Auch Kontakte zu knüpfen wird schwierig, da wir Menschen
mit schlechter Ausstrahlung meiden (vielleicht ist das ja doch an-
steckend). Und auch bereits bestehende Kontakte zu pflegen
wird kaum positiv verlaufen. Das heißt: Schlechte Laune muss zu
Hause bleiben! Jetzt brauchen Sie also den Schub Motivation und
Vorfreude, der Sie mit Schwung die Sache in Angriff nehmen
lässt. Dabei hilft Ihnen sogar Ihre Aufregung, die Ihnen die nötige
Spannung verleiht.

Führen Sie sich Ihre Ziele vor Augen. Ist das nicht ein Grund sich
zu überwinden? Vielleicht korrigieren Sie Ihre Ziele noch einmal
nach unten. Dann können Sie sich z. B. sagen: „Ich lasse mich
nur kurz blicken, und wenn ich mich mit X und Y unterhalten
habe, dann gehe ich wieder nach Hause." Wie oft wurden aus
solchen „Stippvisiten" schon die schönsten (und längsten) Feste!

Wenn Sie die folgenden zwei Aussagen mit einem klaren „Ja"
bestätigen, dann gehen Sie nicht zu der Veranstaltung, bestellen
sich eine Pizza nach Hause und machen es sich im „homedress"
auf der Couch bequem:

- Die Teilnahme ist für mich eine einzige Last. Es gibt keiner-
  lei positive Aspekte an dieser Veranstaltung.

■ Es gibt überhaupt keinen Grund, dorthin zu gehen, auch nicht den klitzekleinsten.

Wenn Sie sich in Laune bringen wollen: Lächeln Sie! Auch positive Gefühle werden im Körper von Hormonen gesteuert. Der Ausstoß dieser Hormone wird unter anderem durch Lachen und Lächeln angeregt. Dieser Effekt lässt sich auch künstlich erzeugen.

Praxis-Tipp:

Lächeln Sie eine Minute lang am Stück – das kurbelt Ihre Hormonproduktion an. Wenn Ihnen noch nicht nach lächeln ist, dann ziehen Sie einfach die Mundwinkel nach oben. Halten Sie die 60 Sekunden nicht auf Anhieb durch, fangen Sie wieder von vorne an. Übrigens: Das lässt sich wunderbar auf der Fahrt zur Veranstaltung machen.

Kontakte knüpfen – an Kontakte anknüpfen

Sie sind nun gut vorbereitet und voll freudiger Erwartung. Das ist der richtige Moment, sich ins Vergnügen zu stürzen. Für viele Menschen ist jedoch der Einstieg der schwierigste Schritt. Wie gehe ich auf andere zu? Auf wen gehe ich zu? Wann kommt wie meine Visitenkarte zum Einsatz? Was sage ich? Und vor allem: Wie geht es weiter? Auch hier ist die wichtigste Antwort: So wie Sie sich wohl fühlen. Einige Hinweise zur Situation vor Ort helfen Ihnen weiter.

Auftreten und Eintreten

Pünktlichkeit ist Trumpf

Oberste Regel ist nach wie vor: Kommen Sie pünktlich! Doch was genau heißt „pünktlich"? In Südeuropa zum Beispiel kann damit bis 90 Minuten und mehr nach der genannten Zeit gemeint sein. Da haben wir es in Deutschland schon leichter:

Auf der Einladung ist eine Uhrzeit genannt

- „Um 19:00 Uhr" macht es uns einfach: Meist handelt es sich um einen überschaubaren Gästekreis mit festem Programm oder Essen. Bitte kommen Sie um 19:00 Uhr; maximal fünf Minuten früher (sonst sind vielleicht noch nicht alle Vorbereitungen getroffen) und bis maximal zehn Minuten später. Bitte planen Sie das bei Ihrer Anreise ausreichend ein. Im Zweifelsfall findet sich in der Nähe meist ein Café für einen ersten Aperitif zur Zeitüberbrückung. Übrigens: Wenn Sie das „akademische Viertel" im Kopf haben, das gibt es nur noch an unseren Universitäten als „Wegezeit" zwischen den Veranstaltungen. Für Wartende sind 15 Minuten eine (zu) lange Zeit.

- „Ab 19:00 Uhr" bietet mehr Spielraum: Hier kommen Sie bitte keinesfalls zu früh und auch nicht unbedingt Punkt sieben. Stellen Sie sich vor, Sie sind Gastgeber und 20 Gäste wollen gleichzeitig begrüßt sein. Bei eher persönlichen Veranstaltungen im kleineren Kreis kommen Sie daher innerhalb der ersten halben Stunde, bei abendfüllenden Großveranstaltungen innerhalb der ersten Stunde.

In jedem Fall vermeiden Sie theatralische Auftritte mit großer Verspätung. Ein schlechtes Selbstmanagement macht Sie nicht interessanter, sondern zeugt vielmehr von mangelndem Respekt Ihren Gastgebern gegenüber.

Auf der Einladung ist keine Uhrzeit genannt

Scheuen Sie sich nicht, bei Ihren Gastgebern nachzufragen, welcher Zeitrahmen geplant ist. Dadurch zeigen Sie Interesse und vermeiden unnötige Aufregung. Besonders wenn ein Essen eingeplant ist (nicht Büffet), sollten Sie die gewünschte Uhrzeit herausfinden. Als Gastgeber achten Sie darauf, Ihren Gästen solche Stolperfallen zu ersparen! Ansonsten gibt Ihnen die Art der Veranstaltung eine kleine Orientierungshilfe:

- Ein Treffen zum Lunch beginnt gegen 12:30/13:00 Uhr.
- Zum Brunch werden Sie gegen 10:00 oder 11:00 Uhr erwartet.
- Eine Einladung zum Tee oder Kaffee startet um 15:00 oder 16:00 Uhr.
- Das Treffen auf einen Drink oder die Cocktailparty findet gegen 18:00 oder 19:00 Uhr statt.
- Das festliche Dinner dagegen beginnt erst um 19:30 oder 20:00 Uhr.

Gewinnen Sie den Raum für sich

Bevor Sie eintreten, atmen Sie gut durch und lächeln Sie. Lassen Sie Stress und Hektik draußen und kommen Sie zur Ruhe. Ihr Motto: Zeit lassen und dabei nicht zögern.

Im Raum halten Sie sich am besten im mittleren Raumbereich auf. So drücken Sie sich nicht in Ecken herum, stehen nicht vor Toilettentüren und versperren anderen nicht den Weg zu Bar oder Büffet.

Praxis-Tipp:

Der geschickteste Platz für viele Kontakte ist zwischen Tür und Büffet/Bar, denn dort kommt fast jeder mal an Ihnen vorbei. (Und dennoch hat es niemand so eilig wie auf dem Weg zur Toilette.)

So gelingen Ihnen erfolgreiches Auftreten und Smalltalk

Ihr erster Weg sollte zum Gastgeber führen – sofern Sie nicht von ihm empfangen wurden. Bedanken Sie sich (zum zweiten Mal) für die Einladung und nutzen Sie einen Aufhänger (aus dem nächsten Kapitel) für einen Gesprächseinstieg. Im besten Fall werden Sie nun direkt vom Gastgeber mit anderen Gästen in Kontakt gebracht. Falls nicht, ist es jetzt an Ihnen, sich den/die ersten Gesprächspartner auszuwählen.

Ansprechen und „Ankommen"

Wen sprechen Sie an und wie „kommen Sie ran"?

Insbesondere bei kleineren Personenkreisen wenden Sie sich zunächst an Ihre direkten Nachbarn. In jedem Falle gilt es, auf die (körpersprachlichen) Signale Ihres Gegenübers zu achten:

Einladend wirken

- eine offene Körperhaltung, dem Raum und den anderen Gästen zugewandt
- Gespräche über allgemeine, konfliktarme Themen
- ein entspannter und freundlicher Gesichtsausdruck
- Blickkontakt mit Ihnen

Würden Sie – im Gegensatz dazu – jemanden ansprechen, der in eine ernste Diskussion vertieft ist und Ihnen den Rücken zuwendet oder sich intensiv mit seinem Zeitplansystem oder Handy beschäftigt? Dann senden Sie auch Ihre eigenen Signale entsprechend.

Wichtig: Im Allgemeinen sind Einzelpersonen und eher Dreier- als Zweiergruppen Erfolg versprechende Ziele.

Suchen Sie nun freundlichen Blickkontakt mit der Person oder Gruppe und stellen Sie sich einfach dazu. Beachten Sie dabei die herrschende Distanzzone. In einer Gruppe können Sie sich daran orientieren, wie die Personen beieinander stehen, ansonsten gilt in Westeuropa: ca. 1 bis 1,5 Meter Abstand halten.

Gab es zuvor kein Gespräch, stellen Sie sich jetzt vor (mit dem „GNIF" aus dem nächsten Abschnitt). Wird bereits Smalltalk betrieben, zeigen Sie sich interessiert und werfen Sie dann auch eine Bemerkung dazu ein. Im besten Fall bindet Sie jemand aus der Gruppe direkt ein.

Verstummt allerdings das Gespräch, kann das ein Zeichen dafür sein, dass Sie gestört haben. Entschuldigen Sie sich dann kurz dafür und gehen Sie wieder, vielleicht mit der Ankündigung, einfach später noch einmal vorbeizukommen. Bleiben Sie dabei entspannt und freundlich, schließlich können Sie nicht riechen, dass Sie stören, und Ihre Gegenüber müssen sich auch für persönliche Gespräche keinen öffentlichen Raum aussuchen. Genauso gut kann ein verstummendes Gespräch Interesse an Ihrer Person signalisieren. Auffordernde freundliche Blicke oder Bemerkungen unterstützen das, dann stellen Sie sich direkt vor.

Sich vorstellen – mit GNIF

Bei Menschen, die wir noch nicht kennen, gehört die persönliche Vorstellung zur ersten Kontaktaufnahme. Beobachten Sie einmal, wie sich die Menschen in Ihrer Umgebung vorstellen: Wenn überhaupt, dann reicht es höchstens mal zu einem unverständlich genuschelten Namen. Kein Wunder, dass hier nur schwer Smalltalk zustande kommen kann.

Gruß

Name

Information

Frage

So gelingen Ihnen erfolgreiches Auftreten und Smalltalk

Machen Sie es anders – mit dem GNIF:

- G – Gruß
- N – Name
- I – Information
- F – Frage

Gruß

Haben Sie sich schon einmal Gedanken über den Unterschied zwischen „grüßen" und „begrüßen" gemacht? Unter der Begrüßung verstehen wir eine persönliche Ansprache. Sie beinhaltet idealerweise einen Gruß, den Namen des Gegenübers und womöglich einige persönliche Worte: „Hallo Frau Müller. Wie schön, dass wir uns bei dieser Gelegenheit auch mal wieder treffen ..." Besonders bei Menschen, die wir schon kennen, kommt die Begrüßung zum Tragen.

Anders der Gruß: Er kann durch Worte, aber auch durch ein Lächeln oder ein freundliches Kopfnicken ausgedrückt werden. Besonders bei flüchtigen schnellen Begegnungen – auf der Straße, dem Büroflur oder in der Kantine über die Tische hinweg – grüßen wir. „Guten Tag", „Hallo", „Grüß Gott"; jede Region, Altersgruppe, Person hat ihre eigene bevorzugte Grußformel. Was sagen Sie selbst am häufigsten?

Im Rahmen des GNIF dient der Gruß als Signal, im Sinne von „Hallo, ich rede mit dir." Wichtig ist dabei weniger die Formel, die Sie benutzen, sondern vielmehr Ihr freundlich-offener Ausdruck dabei. Die Wahrscheinlichkeit ist sowieso groß, dass Ihr Gegenüber die ersten ein bis zwei Worte, die Sie zu ihm sagen, nicht versteht, sondern einfach als Gruß und Ansprechen wahrnimmt.

Praxis-Tipp:

Suchen Sie sich die Formulierung (Lieblings-Grußformel), die am besten zu Ihnen passt und mit der Sie sich wohl fühlen. In den meisten Fällen ist sie dann auch angemessen für Ihr Gegenüber.

Vielleicht sind Sie sich auch nicht sicher, wann Sie wen grüßen dürfen oder sollen?

Wichtig: Wer grüßt wen zuerst? Wer den anderen zuerst sieht, einen Raum betritt oder zu einer Gruppe hinzustößt, grüßt auch zuerst. Dies gilt unabhängig von der hierarchischen Position!

Wenn keine dieser Situationen zutrifft, grüßt im Allgemeinen die hierarchisch niedrigere Person die hierarchisch höhere Person. Die Hierarchie oder Rangordnung ist im Geschäftsleben eindeutig, im informellen oder privaten Kreis bedeutet das: Im Vergleich stehen hierarchisch höher

- Frauen gegenüber Männern
- Ältere gegenüber Jüngeren
- Erfahrenere gegenüber Unerfahreneren
- Gastgeber gegenüber Gästen
- Bekannte des Gastgebers gegenüber Fremden
- Inlander gegenüber Ausländern

Praxis-Tipp:

- Sind Sie in einer hierarchisch höheren Position, wird es als besonders angenehm und stilvoll erlebt, wenn Sie sich darüber hinwegsetzen und gerne auch zuerst Ihre Gäste oder Mitarbeiter begrüßen.

- Dazu gehört auch, dass Sie in die Knie gehen, wenn Sie Kinder begrüßen, um sich auf eine Höhe mit ihnen zu begeben.

So gelingen Ihnen erfolgreiches Auftreten und Smalltalk

Übrigens: Die Hand zum Gruß zu reichen, ein Gespräch zu erweitern oder zu beenden steht im Gegensatz dazu der hierarchisch höheren Person zu. Sie entscheiden also als Frau, ältere oder vorgesetzte Person, ob und wem Sie die Hand geben. Während der Händedruck früher ein Friedenssignal war (die Hand kann während der Begrüßung nicht nach der Waffe greifen), signalisiert er heute Beginn und Ende von Gesprächen.

Wichtig: Sind Sie in einem schnellen Kontakt – im Vorbeigehen oder mit Hotel-, Restaurant- oder Verkaufspersonal – lassen Sie den Händedruck weg. Sind Sie jedoch in einer Gesellschaft, gilt: Geben Sie allen Umstehenden oder keinem der Gruppe die Hand!

Und zu guter Letzt: Jeder Gruß gehört erwidert. Es ist unentschuldbar unhöflich, einen Gruß nicht zu beantworten, egal wie unsympathisch oder gleichgültig die grüßende Person Ihnen ist.

Name

Die Art und Weise, wie Sie Ihren eigenen Namen nennen, beeinflusst wesentlich,

- ob Sie mit Namen angesprochen werden.

- mit welchem Namen Ihr Gegenüber Sie ansprechen wird.

- ob und wie gut Ihre Gesprächspartner sich Ihren (richtigen) Namen merken können.

- ob Sie sich duzen oder siezen werden.

Kennen Sie die James-Bond-Formel? „Mein Name ist Bond, James Bond." Diese Formulierung vereint eine Vielzahl von Hilfestellungen und Signale für Ihre Gesprächspartner:

- Sie kündigen an, dass Sie gleich Ihren Namen sagen.

- Sie nennen den Namen, mit dem Sie angesprochen werden wollen, zuerst. In diesem Fall werden Sie gesiezt.

- Sie nennen den Namen, mit dem Sie angesprochen werden wollen, doppelt – eine kleine mnemotechnische Stütze für Ihr Gegenüber.

- Sie nennen Ihren Vornamen. Das lässt Sie menschlicher wirken und macht auch aus dem siebten Herrn Schubert noch eine Persönlichkeit.

- Sie nennen Ihren Vornamen, bevor Sie ein zweites Mal Ihren Nachnamen nennen. Das ist das Signal für Ihr Gegenüber, jetzt nochmals gut aufzupassen. Er hat nun die Möglichkeit zu kontrollieren, ob er Ihren Namen beim ersten Mal auch richtig verstanden hat.

Und das funktioniert auch mit: „Mein Name ist Kaiser, Manuela Kaiser." (Anrede: Frau Kaiser und Sie) oder „Ich heiße Gerhard, Gerhard Müllerfeld" (Anrede: Gerhard und du)!

Wichtig: Wenn Sie Ihren Namen ausführlich und verständlich nennen, erhöht sich auch die Wahrscheinlichkeit, dass Ihr Gegenüber dies ähnlich macht, so dass Sie von denselben Vorteilen profitieren können.

Haben Sie sich für einen Doppelnamen entschieden, wissen Sie, wie viele Menschen einfach einen Teil Ihres Namens weglassen. Das ist unhöflich und respektlos, auch wenn es meist aus Gedankenlosigkeit geschieht. Betonen Sie zur Vorbeugung beide Teile Ihres Namens gleichwertig. „Ich bin Barbara Schäfer-Ernst, Schäfer wie der Hirte, Ernst wie der Spaß, Barbara Schäfer-Ernst." Im Zweifelsfall scheuen Sie sich nicht, Ihr Gegenüber freundlich aber bestimmt zu korrigieren.

Information

Geben Sie Ihrem Gegenüber zunächst eine persönliche Information über sich, die Ihre Beziehung zur Veranstaltung, zum Gastgeber oder zum Hause verdeutlicht. Das kann der Grund Ihrer

So gelingen Ihnen erfolgreiches Auftreten und Smalltalk

Teilnahme sein, woher Sie den Gastgeber kennen oder auch Ihr Aufgabenfeld im Unternehmen. Bitte beschränken Sie sich dabei nicht einfach auf Ihre Positionsbezeichnung – „HR Manager" ist wenig aussagekräftig – sondern machen Sie Ihre Tätigkeit konkret: „Ich kümmere mich hier vor allem um den Nachwuchs aus den Hochschulen und dort um die Messegestaltung."

Bei Geschäftsterminen, zu denen Sie sich mit bestimmten Personen verabredet haben, die Sie noch nicht persönlich trafen, übergeben Sie jetzt Ihre Visitenkarte. Ist das Treffen nicht vereinbart oder ergibt sich der Kontakt aus einer Smalltalk-Situation, werden die Visitenkarten erst zum Gesprächsende getauscht. Mehr darüber im Abschnitt „Objektkommunikation und andere Äußerlichkeiten".

Frage

Im Anschluss an Ihre persönliche Information geht es nun darum, Ihr Gegenüber zu einem eigenen Beitrag zu ermutigen. Am besten erreichen Sie das durch eine passende Frage: „Ich bin schon ganz neugierig auf die Referentin. Haben Sie sie schon einmal erlebt?", „Der Gastgeber ist ein alter Schulfreund von mir. Woher kennen Sie sich?", „Ich bin im Hause Ihr Ansprechpartner für alle Schulungsfragen. Was ist Ihr Tätigkeitsschwerpunkt?"

Praxis-Tipp:

Es gilt das Prinzip „Vorleistung": Wenn Sie Ihrem Gesprächspartner Fragen stellen, bevor Sie selbst Informationen über sich geben, wird er skeptisch werden: „Wozu wollen Sie das wissen? Was soll das?", sind spontane Gedanken. Achten Sie deshalb darauf, stets in Vorleistung zu gehen, also zunächst etwas Persönliches preiszugeben und erst dann eine entsprechende Frage zu stellen.

Mehr zum Thema Fragen stellen im nächsten Abschnitt.

Überlegen Sie sich vorab, welcher GNIF in der anstehenden Situation passt, und probieren Sie verschiedene Varianten und Möglichkeiten aus.

Praxis-Tipp:

Die ideale Dauer eines „GNIF" liegt zwischen knapp zehn und maximal 30 Sekunden. Eine schnellere Vorstellung bietet zu wenig Anhaltspunkte für das weitere Gespräch. Sprechen Sie dagegen länger als eine halbe Minute, erscheinen Sie schnell als selbstdarstellerisch und wenig an anderen Menschen interessiert. Probieren Sie es einmal aus: In 30 Sekunden können Sie sehr viel erzählen.

Andere vorstellen: NIF

Wollen Sie eine andere Person vorstellen, gehen Sie nach derselben Formel vor wie bei der Eigenvorstellung. Einzig auf den Gruß können Sie verzichten, wenn Sie bereits zuvor im Gespräch waren: „Das, Herr Meister, ist Michaela Mann. Frau Mann ist auch ein großer Klassik-Fan. Waren Sie nicht im letzten Jahr bei den Bregenzer Festspielen?"

Dritte einbeziehen

Wenn Sie andere Gäste ansprechen wollen, freuen Sie sich über einladende Gesten. Im Umkehrschluss sollten Sie sich gleichfalls bemühen, Dritte in Ihre Gespräche einzubeziehen. Dabei gehen Sie in zwei Schritten vor:

- Geben Sie eine kurze Information, worüber Sie gerade sprechen, und
- stellen Sie eine einbeziehende Frage.

Praxis-Tipp:

Seien Sie einfach nett und freundlich, fühlen Sie sich als Gast-geber und bringen Sie auch andere in Kontakt.

Reden – Fragen – Zuhören: die Themenauswahl

Was macht ein gutes Thema aus?

Mit Menschen ins Gespräch zu kommen, die Sie noch nicht ken-nen, bedarf besonderen Geschicks. Später können Sie auf „alte" Themen zurückgreifen und kennen Vorlieben oder Gemeinsam-keiten, auf die Sie sie ansprechen können. Zuvor jedoch benöti-gen Sie einen Aufhänger. Viele Seminarteilnehmer finden es blöd, über das Wetter zu reden. Da gebe ich ihnen Recht: „Es regnet ja schon wieder", „Oh ja, dieses Jahr regnet es viel", klingt wenig prickelnd. Es gibt jedoch eine Möglichkeit, jedes Thema anspre-chend zu gestalten: Machen Sie es persönlich! Verbinden Sie Ihre Aufhänger und Themen mit Ihrer Person, mit Ihren persönlichen Vorlieben und Ihren Gefühlen, und gehen Sie damit in Vorleis-tung. Ihr persönliches Verhältnis zum Thema gibt dem Inhalt das Besondere. Und Ihre Offenheit regt auch Ihr Gegenüber an, vielleicht ein wenig mehr von sich preiszugeben, und bietet Gele-genheit, auch bei anderen Themen einzuhaken.

Beispiel:

Beim Wetter könnte das so klingen: „Puh, dieser Regen, das ist kein Wetter für mich. Ich bin ein richtiger Sonnenmensch, wenn die Sonne scheint, dann strahle ich auch." „Das kenne ich, bei gutem Wetter geht gleich alles etwas beschwingter." „Hatten Sie denn dieses Jahr schon Gelegenheit, die Sonne zu genießen?" Oder positiver: „Unglaublich, wie viel es in den letzten Tagen geregnet hat. Ich finde es toll, wie die Natur gleich reagiert und alles wächst und gedeiht." „Ja, auch wenn ich sonst Regen nicht so sehr mag, so muss ich wenigstens nicht den Garten gießen." „Sie haben einen Garten, wie schön. Haben Sie eine Vorliebe für bestimmte Pflanzen?"

Praxis-Tipp:

Es gilt das Prinzip „Persönlich machen": Verbinden Sie Ihre Aufhänger und Themen mit Ihren persönlichen Vorlieben und Ihren Gefühlen. Betonen Sie den Aspekt der Selbstoffenbarung.

Das sind Ihre Aufhänger

Besonders bei den Aufhängern, wenn Sie einen unbekannten Menschen ansprechen, sind die Prinzipien „Vorleistung" und „Persönlich machen" wichtig. Löchern Sie niemanden mit Fragen, Sie werden nur Skepsis und Zurückhaltung ernten. Aber seien Sie ein guter Beobachter, so erhalten Sie die besten Aufhänger. Hier einige Beispiele:

- Gemeinsames
- Nahe liegendes
- Komplimente
- Fragen und Bitten

Gemeinsames

Noch kennen Sie sich nicht, und doch gibt es schon einige Gemeinsamkeiten: Sie erleben dasselbe Wetter, haben denselben Gastgeber, vielleicht wissen Sie bereits um gemeinsame Bekannte. Oder Sie stürzen sich gerade auf dieselben Lieblingshäppchen am Büffet, haben dasselbe – hier unübliche – Getränk im Glas und so weiter und so fort.

Nahe liegendes

Alles, was um Sie herum stattfindet – jede positive und wertschätzende Bemerkung über das Umfeld – bietet sich als Gesprächsstoff an: die Landschaft, die Räumlichkeiten, Dekorationen, das Büffet, Vortragende und Programmpunkte.

Komplimente

Trägt Ihr Gegenüber ein besonderes Accessoire, so können Sie über ein freundliches Kompliment ins Gespräch kommen. Haare, Brillen, Schmuck, Seidenkrawatten oder -tücher und vieles mehr ist möglich. Manche Menschen tragen extra ein ausgefallenes Stück, um anderen die Möglichkeit zu bieten, sie leichter anzusprechen.

Komplimente-Übung

Üben Sie die Wahrnehmung geeigneter Besonderheiten und suchen Sie einen Tag lang bei jedem Menschen, dem Sie begegnen, ein passendes Kompliment.

Wissen Sie, wie Sie auf Komplimente reagieren? Am besten mit einem freundlichen Dank! Und verkneifen Sie sich, die Sache schlecht zu machen ("Ach, das ist schon ganz alt", "Oh, das war doch nur ein Schnäppchen"). Im Gegenteil, freuen Sie sich ("Danke, ich fühle mich auch sehr wohl damit", "Danke schön, mit dieser Brille bin ich auch wirklich glücklich").

Fragen und Bitten

Ein Klassiker unter den Aufhängern: Fragen Sie die Menschen in Ihrem Umfeld freundlich, offen und unverfänglich. "Ein sehr schönes Restaurant. Ich bin hier zum ersten Mal, gibt es hier eine Spezialität des Hauses?", "Das Vortragsthema finde ich sehr interessant und die Rednerin soll sehr gut sein. Haben Sie sie schon einmal erlebt?"

Besonders am Büffet oder über den Tisch bieten sich kleine Bitten oder Aufmerksamkeiten als Einstieg an: "Diese Häppchen lachen mich auch gerade an, darf ich Ihnen eines reichen?", "Mögen Sie auch eine Tasse Kaffee? Ich schenke mir gerade ein", oder "Reichen Sie mir bitte die Milch? Wie schön, dass es hier nicht nur Kondensmilch gibt, ich mag meinen Kaffee mit Vollmilch viel lieber", "Ich sehe, Sie sind Teetrinker, welche dieser Sorten können Sie mir empfehlen?". Bitte beachten Sie, dass andere Gäste keine Bedienungen sind; Bitten sollten sich also im Rahmen der allgemeinen Höflichkeitsformen halten.

Darüber sprechen Sie – Ihre Smalltalk-Themen

Durch die Prinzipien "Vorleistung" und "Persönlich machen" haben Sie einen Grundstein für das Gespräch gelegt. Denken Sie nun daran, rechtzeitig die Perspektive zu wechseln, denn: Ein gutes Thema ist stets das, was Ihr Gegenüber interessiert. Seien Sie neugierig auf ihn, seine Person und das, was er tut und mag. Ihr drittes Prinzip lautet also: Interesse zeigen. Wichtig dabei ist, diesen Dingen vorurteilsfrei gegenüberzustehen. Jedes Thema hat interessante und spannende Aspekte, finden Sie sie heraus! Ihre kommunikativen Mittel sind Zuhören und Fragen stellen; darüber erfahren Sie in diesem Abschnitt noch mehr.

Praxis-Tipp:

Es gilt das Prinzip „Interesse zeigen": Legen Sie den Fokus des Gesprächs auf Ihr Gegenüber und seine Vorlieben.

Bitte übertreiben Sie es jedoch nicht. Es gibt Menschen, die sich so ausschließlich auf ihr Gegenüber konzentrieren, dass sie unangenehme Gefühle auslösen. Vielleicht bemerken Sie das nicht gleich während des Gesprächs – wer erzählt schließlich nicht gerne von seinen Lieblingsdingen –, spätestens jedoch im Nachhinein. Dann kommen Gedanken auf wie: „Jetzt habe ich die ganze Zeit geredet und von ihr/ihm weiß ich überhaupt nichts", oder „Was er/sie alles aus mir herausgelockt hat, das ist ja fast beängstigend", oder Sie fühlen sich einfach ausgesaugt. Haben Sie das schon einmal erlebt? Achten Sie also auf ein angemessenes und ausgewogenes Verhältnis beim persönlichen Input und denken Sie daran: Smalltalk ist ein Wechselspiel, bei dem der Ball abwechselnd und locker von den Gesprächspartnern gespielt wird.

Die Themenauswahl

- Wetter
- Speisen und Getränke
- Tiere und Pflanzen
- Musik, Kunst, Kultur
- Bereiche, in denen Sie sich engagieren
- Berufliches
- Hobbys und Kenntnisse jenseits des Jobs
- Familie
- Besondere Ereignisse
- Worüber Ihr Gesprächspartner gerade spricht
- Über fast alles andere Positive

Wetter

Bereits zu Beginn dieses Abschnitts habe ich über das Wetter als Thema gesprochen. Denken Sie daran: Wenn Sie es persönlich machen, bietet es einen schönen Einstieg zu weiteren Themen.

Speisen und Getränke

Essen und Trinken, Kochen und Kreieren, Lieblingsgerichte und -restaurants, verschiedene Ernährungsstile: Hobbys und Vorlieben in Zusammenhang mit Speisen und Getränken gehören zu den Smalltalk-Themen, zu denen jeder etwas zu sagen hat.

Tiere und Pflanzen

Haben Sie Haustiere? Lieben Sie es, im Garten zu werkeln? Züchten Sie besondere Pflanzen oder eine bestimmte Tierrasse?

So gelingen Ihnen erfolgreiches Auftreten und Smalltalk

Kennen Sie jemanden mit einem Faible für . . . oder sind Sie einfach nur fasziniert von . . . ? Themen um Tiere und Pflanzen sind Themen, die kaum jemanden ausschließen und sehr unverfänglich sind.

Musik, Kunst, Kultur

Welche Musik- oder Kunstrichtung bevorzugen Sie? Sind Sie ein leidenschaftlicher Theater- oder Kinogänger? Lesen Sie gerade ein Buch, das Sie besonders beeindruckt? Kennen Sie sich gut aus oder entscheiden Sie nach Gefallen oder Nichtgefallen? Was würden Sie gerne einmal sehen, lesen, hören? Der kulturelle Themenkomplex ist einer der vielfältigsten. In den ganz unterschiedlichen Vorlieben der Menschen liegt sein besonderer Reiz: Bei kaum einem anderen Thema können Sie so viel Neues erfahren, so viel Interessantes lernen.

Bereiche, in denen Sie sich engagieren

Sind Sie künstlerisch, wohltätig, politisch, gesellschaftlich engagiert – aktiv oder passiv? Jedes besondere Engagement gibt anderen Menschen ein Bild von Ihnen. Und wie Sie wissen, ist das persönliche Engagement einer der stärksten Überzeugungsfaktoren. Nutzen Sie diese Elemente und erzählen Sie anderen davon; vielleicht gewinnen Sie sogar begeisterte Mitstreiter.

Berufliches

Was macht für Sie das Besondere an Ihrem Beruf aus? Was fasziniert Sie nach vielen Jahren Berufstätigkeit immer noch oder tat es damals? Diese Aspekte sind nicht nur für andere Menschen interessant, sie helfen Ihnen auch selbst, in müden Phasen die Lust am Job wiederzuerlangen. Besonders bei Beruflichem gilt: Klagen Sie nicht über Missstände, sondern picken Sie die positiven Aspekte heraus! (Mehr darüber bei den Tabus.)

Hobbys und Kenntnisse jenseits des Jobs

Vielleicht spielen sich Ihre Hauptinteressen in ganz anderen Bereichen ab: Sport, Sammelleidenschaften, geschichtliche oder geographische Interessen und vieles mehr. Wenn Sie sich einmal umhören, werden Sie erstaunt sein, mit was sich die Menschen alles beschäftigen und wie viel Sie dabei noch lernen können.

Familie

Scheuen Sie sich auch nicht, über Ihre Familie zu sprechen. Sie gibt ebenfalls ein Bild Ihrer Persönlichkeit und bietet eine unkomplizierte Möglichkeit, mehr über Ihr Gegenüber zu erfahren.

Besondere Ereignisse

Durch ihre Aktualität bieten – kurz vergangene oder nah bevorstehende – Ereignisse ein gutes Thema. Handelt es sich um kulturelle oder gesellschaftspolitische „Spektakel", wie Weltmeisterschaften, Wahlen oder Weltausstellungen, dann kann fast jeder etwas dazu sagen. Ist es eher etwas Privates, wie ein großes Fest zu einem besonderen Anlass, so erhalten Sie vielleicht noch wichtige Anregungen und Hinweise.

Worüber Ihr Gesprächspartner gerade spricht

An den meisten Themen Ihrer Gesprächspartner lassen sich interessante Aspekte finden. Dies kann auch eine Übung für offenen Blick und Toleranz sein.

Über fast alles andere Positive

Sie sehen, Smalltalk-Themen sind fast keine Grenzen gesetzt. Wichtig ist nur, dass es sich um größtenteils positive Aspekte handelt. Ständige Nörgeleien, ausufernde Selbstprofilierungen, endlose Detaildarstellungen sprengen den Rahmen! Doch mehr dazu bei den Tabus.

So gelingen Ihnen erfolgreiches Auftreten und Smalltalk

Und täuschen Sie sich nicht: Auch wenn Sie Ihren Einsatz, Ihre Kenntnisse, Hobbys oder Interessen als selbstverständlich empfinden – Ihr Gesprächspartner sieht das meist ganz anders. Besonders in Seminaren erlebe ich häufig, dass Teilnehmende denken, sie hätten nichts zu berichten oder andere würde das nicht interessieren. Bisher war ausnahmslos das Gegenteil der Fall.

Beispiele:

- Der junge Student mit dem „langweiligen" Hobby Korbflechten ging mit drei (selbstverständlich bezahlten) Aufträgen nach Hause.

- Bei der Hausfrau, die „halt nur so das Übliche macht", stellte sich heraus, dass sie über hundert verschiedene Kräuter in ihrem Garten zieht (und nicht nur das, sie weiß sie auch noch alle anzuwenden).

- Oder die Managerin, die „nur für die Firma lebt" und einen Hund hat, der ihr die Pfoten auf die Schulter legen kann – wenn sie steht.

Manche Menschen haben das Gefühl, sie müssten Berufliches und Privates strikt voneinander trennen. Machen Sie die Probe: Streichen Sie einmal alles von Ihrer Themenliste, das irgendwie mit Ihnen privat zusammenhängt. Was bleibt nun noch übrig? Ihr Beruf. Und worüber wollen Sie dann sprechen, wenn Berufliches einmal nicht angesagt ist, wie zu Beginn des Abendessens mit Ihrem Kunden? Gerade die Themen, die Sie mit Leidenschaft erfüllen und die Ihre Augen blitzen lassen, sind es, die Sie als Menschen ausweisen und zu einem sympathischen und interessanten Gesprächspartner machen!

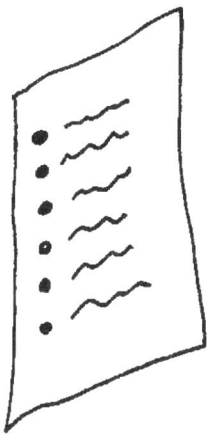

Praxis-Tipp:

- Machen Sie sich eine Liste „Ihrer" Themen für mitreißende Reden. Sie werden erstaunt sein, über wie viele Dinge Sie wirklich gerne sprechen (können).

- Bereiten Sie Geschichten und Anekdoten zu „Ihren" Themen vor, damit Sie sie flüssig erzählen können und die Pointen stimmen.

- Machen Sie Ihre Geschichten konkret und persönlich (indem Sie z. B. Namen von Menschen und Orten verwenden). Dabei sollte sie möglichst nicht länger als fünf Sätze sein.

Nicht umsonst hat sich „Story-telling" zu einem echten Trend entwickelt. Wollen Sie Ihre Erzählkunst ausbauen, finden Sie weitere Anregungen in „StoryPower" von Vera F. Birkenbihl und „In Bildern reden" von Peter H. Ditko und Norbert Q. Engelen.

Diese Themen sollten Sie vermeiden – Tabus

Auch wenn Sie über fast alles beim Smalltalk sprechen können – einige Einschränkungen gibt es doch. Die meisten lassen sich mit gesundem Menschenverstand und etwas Fingerspitzengefühl erahnen. Doch gerade wenn wir uns mit Leidenschaft über unsere Herzblut-Themen unterhalten, sind diese Sensoren häufig ausgeschaltet.

Zudem hat sich gerade der Bereich der gesellschaftlichen Tabus in den letzten Jahren deutlich verändert. Beispielsweise „Geld" war früher ein klares Tabu-Thema: „Über Geld spricht man nicht, Geld hat man", lautete die Devise. Heute gehört es dagegen schon fast zu den Standard-Themen, über Börsengeschäfte zu sprechen. Auch zeigt sich an diesem Beispiel deutlich, wie regional verschieden Tabus sind. Während es in den USA keineswegs ungewöhnlich ist, bereits nach kurzer Bekanntschaft über das Jahreseinkommen zu sprechen, gilt eine solche Frage in Deutschland als Affront.

Themen, die Sie vermeiden oder wechseln sollten

- Vermögensverhältnisse
- Schwere Krankheiten und Tod
- Politik
- Klatsch und Tratsch
- Berufliche Beratungen
- Nörgeleien und Negatives

Vermögensverhältnisse

Wie bereits ausgeführt, können Sie heute gerne über Börsengeschäfte, Häuser, Luxusurlaube und so weiter sprechen. Keinesfalls jedoch nennen Sie von sich aus Beträge, insbesondere nicht, wenn diese auf Ihre persönlichen Vermögensverhältnisse schließen lassen. Legen Sie vielmehr den Fokus darauf, wieso Sie die Börse so spannend finden, was Ihnen an dem neuen Haus so besonders gefällt oder wie gut Sie sich auf der Kreuzfahrt erholt haben. Und vermeiden Sie entsprechende indiskrete Fragen an Ihr Gegenüber.

Schwere Krankheiten und Tod

In manchen Kreisen werden Krankheiten als Thema sehr gepflegt, doch muss hier differenziert werden. Der umgehende Grippevirus wird als aktuelles Thema sicherlich angesprochen. Denken Sie jedoch daran, dass Smalltalk ein leichtes, positives und dem Rahmen angemessenes Gespräch sein soll.

Beispiel:

Auf meiner Hochzeit hat ein Gast einem anderen ausführlich und eindringlich von seinen Todesnaherlebnissen berichtet, obwohl (oder gerade weil) er von seinem Gegenüber wusste, dass dieser einen Todesfall in der Familie noch nicht verarbeitet hatte. Das arme „Opfer" wusste sich nicht zu helfen, hat das Fest heute noch sehr unangenehm in Erinnerung und meidet jedes weitere Zusammentreffen. Das war und ist natürlich nicht in meinem Sinne.

Politik

Auch hier werden Sie sicherlich über die anstehenden Wahlen sprechen oder andere aktuelle politische Ereignisse. Nach wie vor gilt es jedoch als Tabu, in einem nicht politischen Umfeld Aussagen zu treffen, die andere Meinungen ausgrenzen. Welche Partei Sie oder Ihr Gegenüber wählen, bleibt ein Geheimnis.

So gelingen Ihnen erfolgreiches Auftreten und Smalltalk

In diesen Themenkomplex gehören auch alle „heißen Eisen", also politisch nicht korrekte Themen mit sexistischem oder rassistischem Hintergrund. Beachten Sie dies bitte besonders, wenn es lustig wird: Ein Funke Humor macht jeden Smalltalk lebendig, ein schlechter Witz tötet das Gespräch und die Beziehung. Besser, Sie bleiben beim guten Geschmack.

Klatsch und Tratsch

Smalltalk ist kein Kaffeeklatsch. Machen Sie es sich zur Regel, ausschließlich über Anwesende zu sprechen. Wenn doch einmal ein anderer Name fällt: Äußern Sie nur Positives! Auch wenn Sie das ein oder andere noch so sehr interessiert: Indiskrete Fragen sind in jeder Hinsicht ein Tabu.

Berufliche Beratungen

Manchmal ist es sehr verlockend: Da lernen Sie eine sympathische Fachanwältin kennen, mit genau dem Spezialgebiet, das für Sie gerade aktuell ist. Der echte Netzwerker lässt sich die Chance nicht entgehen, Visitenkarten zu tauschen und einen Anruf zur Terminvereinbarung anzukündigen. Und das ist gut so. Auf keinen Fall jedoch nötigen Sie Ihr Gegenüber, sich Ihren „Fall" gleich anzuhören oder womöglich gar eine kostenlose Beratung durchzuführen. (Das geschieht auch oft bei Ärzten, Anwälten, jeder Art von Beratern und Handwerkern, wie Friseuren oder Schreinern.) Dafür ist eine Smalltalk-Situation der falsche Rahmen.

Nörgeleien und Negatives

Auch wenn Sie diesen Hinweis nun schon mehrfach gelesen haben: Smalltalk ist positiv, locker, leicht. Zeigen Sie sich nicht als Griesgram und Miesepeter. Solche Menschen wollen Sie schließlich auch nicht unbedingt in Ihrer Umgebung haben. Unangenehmes, schlimme Erfahrungen, Negatives, Nörgeleien und schlechte Laune sollten guten Freunden vorbehalten sein – verschonen Sie Smalltalk-Bekanntschaften damit (bis Sie vielleicht gute Freunde geworden sind).

Praxis-Tipp:

Wenn Ihnen ein Tabu-Thema auf der Zunge brennt, verabreden Sie sich: Natürlich gibt es Smalltalk-Situationen, in denen Sie den Wunsch entwickeln, mehr mit Ihrem Gegenüber zu sprechen und das Gespräch inhaltlich und persönlich zu vertiefen. Oder Sie haben das Bedürfnis, einen (nahe liegenden) Beitrag zu einem Tabu-Thema zu leisten. Hier gibt es eine einfache Lösung: Verabreden Sie sich mit Ihrem Gesprächspartner dafür. So können Sie einen passenden Rahmen für das Thema wählen und weitere Kontakte knüpfen oder vertiefen. Außerdem lassen Sie Ihrem Gegenüber die Chance, ohne Ihnen eine derbe Absage erteilen zu müssen, aus der Thematik auszusteigen. Er muss schließlich nicht das gleiche Bedürfnis haben wie Sie.

Zuhören und Fragen stellen: Smalltalk-Hilfen und -Mittel

Zuhören als Smalltalk-Hilfe

Interesse zeigen und auf Ihre Gesprächspartner eingehen, das können Sie am besten, indem Sie Ihrem Gegenüber zuhören. Haben Sie im ersten Kapitel die Paraphrase-Übung gemacht? Spätestens dabei haben Sie gemerkt, wie schwierig und anstrengend gutes Zuhören ist. Signalisieren Sie Aufmerksamkeit und konzentrieren Sie sich ganz auf Ihren Gesprächspartner. Beachten Sie dabei diese Aspekte:

- Nonverbaler Kontakt: Achten Sie auf eine offene Körperhaltung, die Ihrem Gegenüber zugewandt ist. Gelegentliches Kopfnicken und Blickkontakt signalisieren, dass Sie zuhören. Lassen Sie Ihren Blick nicht durch den Raum schweifen, sonst wecken Sie den Eindruck, dass Sie auf der Suche nach einem interessanteren oder wichtigeren Gesprächspartner sind.

■ (Para-)verbale Beteiligung: Von „Hmm", „Ah!", „Ach?" bis hin zu „Ja" und „Ich verstehe" gibt es eine große Bandbreite von Laut- und Wortsignalen, dem so genannten „Backchannel-Verhalten". Hier zeigt sich nicht nur persönliche Vielfalt, sondern auch individuelles Bedürfnis, denn die verschiedenen Menschen bedürfen dieser Signale in verschieden hoher Frequenz – manche mehr, andere weniger.

Achtung beim Wörtchen Ja: Hier wurden verschiedentlich geschlechtstypische Unterschiede nachgewiesen. Danach benutzen und verstehen Männer im Allgemeinen Ja im Sinne von „Ja, ich stimme dir zu", wogegen Frauen im Allgemeinen Ja benutzen und verstehen als „Ja, ich höre dir zu". Wie ist das bei Ihnen?

■ Fragen: Freundliches Nachfragen empfinden wir als angenehm und als gutes Zuhören. Bitte bleiben Sie beim Smalltalk oberflächlich: kein penetrantes Nachbohren oder gar Ausfragen!

■ Paraphrasieren: Das Umformulieren des Gehörten in die eigenen Worte hilft insbesondere bei schwierigen Gesprächen. Beim Smalltalk setzen Sie es in erster Linie ein, um Ihrem Gegenüber zu signalisieren, dass Sie ihn ernst nehmen und um ihm Ihre Gefühle zu zeigen. „Ach, dann sind Sie ja ein echter Fachmann in Finanzfragen", „Oh, Sie haben also ein richtiges Faible dafür."

Fragen als Smalltalk-Mittel

Im Zusammenhang mit Kommunikationsthemen werden Fragetechniken häufig als bewährtes und wirkungsvolles Mittel genannt.

Dabei lassen sich – je nach Zielsetzung – viele Fragearten unterscheiden. Auch beim Smalltalk helfen Ihnen Fragen weiter: als Überleitung vom Aufhänger zum Gespräch, um Interesse zu zeigen, um Gemeinsamkeiten herauszufinden. Diese Fragearten sind für den Smalltalk von Bedeutung:

- Geschlossene versus offene Fragen: Unter geschlossenen Fragen verstehen wir Fragen, deren Antwort Ja oder Nein lauten kann. „Mögen Sie auch etwas zu trinken?", „Sie trinken Kaffee?", „Haben Sie schon oft an Tagungen zu diesem Thema teilgenommen?" Offene Fragen dagegen provozieren eine längere Antwort. „Was hätten Sie gerne zum Trinken?", „Wie nehmen Sie Ihren Kaffee?", „Welche Erfahrungen haben Sie bisher mit Tagungen zu diesem Thema?" Dies sind klassische W-Fragen mit Was, Wie, Wo, Welche und so weiter.

  Es liegt also in der Natur der Sache, dass Sie, um ein Gespräch anzuregen, mit offenen Fragen mehr Erfolg haben werden: Sie regen Ihr Gegenüber an, zu erzählen und vielleicht sogar seine Meinung zu äußern. Bei Warum-Fragen fühlen sich allerdings viele Menschen zu Erklärungen oder Rechtfertigungen angehalten oder gar in die Defensive gedrängt. In Smalltalk-Situationen ist damit also Vorsicht geboten.

- Informationsfragen: Informationsfragen helfen Ihnen, Gemeinsamkeiten für weitere Themen zu finden. „Wie sind Sie mit dem Gastgeber verbunden?", „Wie lange sind Sie schon Mitglied?", „Was können Sie mir mehr über diese Sache erzählen?"

- Aktivierungsfragen: Mit Aktivierungsfragen beziehen Sie Ihren Gesprächspartner in den direkten Dialog mit ein. Sie fordern auf, nachzudenken oder eine Meinung zu äußern. „Was halten Sie von diesem Vortrag?", „Wie ist die Meinung Ihrer Familie zu Ihrem Hobby?", „Was tun Sie bisher, um aktiv zu netzwerken?"

■ Alternativfragen: Diese Oder-Fragen sind als Abschlussfragen geeignet und erleichtern es, auf den Punkt zu kommen. Dadurch finden Sie im Smalltalk gerne Anwendung beim Übergang zum inhaltlichen Thema des Treffens oder beim Abschied von Ihrem Gesprächspartner. „Wollen Sie gleich noch einen Blick durch unsere Produktion werfen, oder sollen wir lieber nach unserem Gespräch dort vorbeischauen?", „Sind Sie besser vormittags oder nachmittags erreichbar?" Auch erleichtern Sie es Ihrem Gegenüber, sich von Ihnen zu verabschieden. „Darf ich Ihnen noch etwas anbieten, oder sind Sie schon auf dem Sprung?"

Kleine und große Abschiede

Fällt Ihnen die Kontaktaufnahme mit fremden Menschen leicht? Dann gehören Sie vielleicht zu denjenigen, die sich nur schwer losreißen können oder Gespräche beenden. Zweierlei Situationen gilt es hier zu unterscheiden: Den Wechsel von Gesprächspartnern bei derselben Gelegenheit und den Abschied von der ganzen Veranstaltung.

Gesprächspartner wechseln

Die meisten Treffen können Sie für mehr als einen Kontakt nutzen. Dies gelingt Ihnen allerdings nur, wenn Sie sich von einem (ersten) Gesprächspartner lösen können. Die Befürchtung, dabei unhöflich zu wirken, ist normalerweise unbegründet.

Diese Hinweise können Ihnen helfen:

- Schauen Sie auf das Gespräch zurück
- Blicken Sie in die Zukunft und übergeben Sie Ihre Visitenkarte
- Sagen Sie die Wahrheit
- Gehen Sie

Schauen Sie auf das Gespräch zurück

Eine Rückschau hat stets Signalwirkung und deutet auf ein Ende hin. Auch wenn Sie froh sind, endlich mit jemand anderem sprechen zu können, ist das kein Grund, unnötig Porzellan zu zerschlagen. Finden Sie daher positive Formulierungen, die sie ehrlich meinen können.

Eine Möglichkeit ist hier die freundliche Zusammenfassung. „Wie spannend, was Sie alles über die afrikanischen Buntbarsche wissen. Meine Aquaristik-Kenntnisse halten sich – wie sie sehen – in engen Grenzen."

Den Dank für das Gespräch sollten Sie so konkret und persönlich wie möglich formulieren. „Danke schön für diesen schnellen Überblick über …", „Vielen Dank für diese aufschlussreiche Darstellung von …", „Danke für Ihre anregende Gesellschaft – ich habe schon lange nicht mehr so viel gelacht." Benutzen Sie dabei die Vergangenheitsform als Signal: „Es war schön, mit Ihnen zu plaudern", „Wie schön, dass wir uns bei dieser Gelegenheit mal wieder getroffen haben", „Verrückt, dass wir uns ausgerechnet hier endlich kennen lernen konnten."

Bitte verwenden Sie „interessant" und „nett" nur in Ausnahmefällen. Es hat sich mittlerweile herumgesprochen, dass man alles irgendwie interessant finden kann, wenn einem sonst nichts Positives oder Wertneutrales einfällt. Und das Wörtchen „nett" hat zwischenzeitlich – ähnlich wie im Englischen – eine eher abwertende Bedeutung erfahren.

So gelingen Ihnen erfolgreiches Auftreten und Smalltalk

Blicken Sie in die Zukunft und übergeben Sie Ihre Visitenkarte

„Ich hoffe, Sie genießen den Abend", bezieht sich auf die nahe Zukunft. Vielleicht haben Sie aber auch im Lauf des Gesprächs etwas über die nächsten Pläne und anstehende Ereignisse erfahren: „Toi toi toi für Ihr Hausbau-Projekt", oder „Erholen Sie sich gut in Ihrem Urlaub auf La Isla". In beiden Fällen bietet es sich an, gute Wünsche mitzugeben. Zudem können Sie noch einmal auf getroffene Vereinbarungen hinweisen: „Sie erhalten dann also in der kommenden Woche von mir ..." oder „Lassen Sie uns also ... Ich freue mich schon darauf." Übergeben Sie jetzt Ihre Visitenkarte.

Sagen Sie die Wahrheit

Hier geht es nicht nur darum, ehrlich bei Wünschen und Dank zu sein, sondern auch bei den eigenen Gründen für Ihren Abschied. „Jetzt mach ich mal die Runde", ist freundlicher und glaubwürdiger, als ein „dringendes Bedürfnis" oder einen Gang zu Büffet oder Bar vorzugeben, von dem Sie einfach nicht zurückkehren; zumal besteht die Gefahr, dass sie direkt begleitet werden oder gleich noch „Aufträge" erhalten.

Weitere Möglichkeiten sind: „Ich bin schon ganz kribbelig, weil ich unbedingt noch ... Bitte entschuldigen Sie", oder „Dort sehe ich Herrn Maisel, lassen Sie ihn mich gleich abfangen."

Auch können Sie den Abschied klar formulieren: „Bevor ich gehe, will ich Ihnen unbedingt noch sagen ...", und dann folgt ein Kompliment!

Gehen Sie

So einfach dieser letzte Punkt klingen mag, so sehr fehlt es häufig genau hier an der Konsequenz: Entfernen Sie sich tatsächlich räumlich von Ihrem bisherigen Gesprächspartner und machen Sie so den Abschied auch körperlich deutlich. Wer weiß, am Ende ist er vielleicht auch froh über die Gelegenheit, jetzt etwas anderes zu tun.

Die Veranstaltung verlassen

Wenn Sie müde oder in schlechter Verfassung sind, unabänderlich schlechte Laune oder einfach Ihre persönlichen Veranstaltungsziele erreicht haben, dann gehen Sie guten Gewissens nach Hause. Bitte betreiben Sie kein „Veranstaltungs-Hopping". Auf „allen Hochzeiten tanzen" zu wollen, ist unbefriedigend für Sie und ärgerlich für Ihren Gastgeber.

Verabschieden Sie sich in jedem Fall zumindest von Ihrem Gastgeber, bevor Sie gehen, und bedanken Sie sich nochmals – mittlerweile mindestens zum dritten (und immer noch nicht zum letzten) Mal – für die Einladung.

Objektkommunikation und andere Äußerlichkeiten

Nonverbale Kommunikation

Nonverbale Kommunikation steht als Sammelbegriff für alle Arten von Signalen, die in menschlichen Kommunikationssituationen anstelle von Sprache oder zusätzlich zur Sprache vermitteln und/oder aufgenommen werden. Nonverbale Signale laufen über verschiedene Kanäle:

- motorische (Mimik, Gestik, Kinetik etc.)

- physiochemische (Geruchssinn, Tastsinn, Wärmeempfinden etc.)

- ökologische (Proxemik, Objektkommunikation etc.)

Hinzu kommt die paraverbale Kommunikation. Sie beschäftigt sich mit Ihrem stimmlichen Ausdruck. Dazu gehören ebenso die lautmalerischen Elemente („ah", „oh", „hm", „ups") wie Ihre Stimmlage, Ihre Lautstärke, Ihre Artikulation (wie deutlich Sie

Nonverbale Kommunikation:

```
                    Nonverbale
                  Kommunikation
        ┌──────────────┼──────────────────┐
   Körper-          Objekt-            Paraverbale
   sprache        Kommunikation       Kommunikation
    i.e.S.
      │
  Proxemik
      │
   Kinetik
```

sprechen) oder Ihre Modulation (wie Ihre Satz- und Sprachmelodie klingt).

Körpersprache im engeren Sinn umfasst Mimik, Gestik, Augenkommunikation, Gerüche, proxemische und kinetische Aspekte. Erinnern Sie sich an den Abschnitt „Sprache ist mehr als Worte" im ersten Kapitel. Durch Ihre Körpersprache erzeugen Sie immerhin einen großen Teil Ihrer Wirkung.

Unter Proxemik ist hier das Kommunikationsverhalten hinsichtlich der Raumwahrnehmung, Ihrer körperlichen Positionierung im Raum sowie der Kinetik zu verstehen. Parameter dafür, wo am Tisch oder im Zimmer Sie sich aufhalten, können unter anderen Ihr Alter, Ihre soziale Distanz oder auch Ihre Geschlechtszugehörigkeit sein. Kinetik (oder Kinesik) ist dabei derjenige Teilbereich, der sich speziell mit Ihrer Haltung und den Bewegungen Ihres Körpers beschäftigt. Betrachten wir Körpersprache im weiteren Sinn, gehört auch die Objektkommunikation dazu.

Was ist „Objektkommunikation"?

Objektkommunikation bezeichnet Ihre persönliche Aufmachung, also Ihr Ausdruck durch Dinge,

- die Sie an sich haben, wie Frisur, Kleidung, Brille
- die Sie mit sich führen, wie Aktentasche, Mobiltelefon, Zeitplansystem
- die zu Ihnen gehören, wie Haus, Büroeinrichtung, Auto

Mit solchen Statussymbolen zeigen Sie sich einer bestimmten Gruppe von Menschen zugehörig. Damit sind jedoch nicht nur Luxusartikel gemeint: Auch die zerschnittene Jeans, die Kunststoffuhr oder die Punk-Frisur sind Statussymbole. Individualität innerhalb einer sozialen Gruppe zeigt sich äußerlich vor allem durch Stilbrüche. Dabei werden zum Manager-Outfit (gedeckter Anzug, Hosenanzug oder Kostüm) Kunststoffuhren, extravagante Brillen, Hightech-Laptop-Rucksäcke, quietschbunte Zeitplansysteme oder schrille Krawatten/Seidentücher getragen, um hier nur einige Beispiele zu nennen. Mehr und mehr Menschen wollen nicht mehr in der „Berufsuniform" auftreten und suchen nach mehr individuellem Ausdruck.

Praxis-Tipp:

- Die Business-Regel: Gepflegtes Understatement und unaufdringliche Persönlichkeit stützen Ihren Erfolg.
- Ihr persönlicher Check: Wie ist das übliche Auftreten unter den Menschen, in deren Umfeld ich mich bewege? Wie ist das übliche Auftreten der Menschen, in deren Umfeld ich mich gerne bewegen will? Wie ist mein persönlicher Stil?
- Ein bisschen Mut gehört dazu; das Erfolgsgeheimnis: Je selbstverständlicher Sie Ihren persönlichen Stil pflegen (ohne dabei aufdringlich zu sein), desto selbstverständlicher wird Ihre Umwelt dies als Ihren persönlichen Ausdruck sehen. Ihr Bonus: Sie werden unverkennbar.

So gelingen Ihnen erfolgreiches Auftreten und Smalltalk

Was bedeutet das konkret für Ihre Smalltalk-Situationen?

Die Bedeutung von Objektkommunikation im Smalltalk

Ihr Äußeres

Kleidung, Haar, Schmuck und Brillen sind gut für Komplimente geeignet. Schärfen Sie Ihren Blick für das Besondere, so finden Sie stets einen passenden Aufhänger. Mehr und mehr Menschen nutzen diesen Aspekt aktiv und achten darauf, auffällige oder ungewöhnliche Stücke zu tragen, um damit anderen die Kontaktaufnahme leichter zu machen.

Ihre Business-Accessoires

Während Sie bei einem verabredeten persönlichen Erstkontakt bereits zu Gesprächsbeginn Visitenkarten austauschen, geschieht dies in reinen Smalltalk-Situationen erst zum Ende des Gesprächs. Der Aufhänger zu Beginn ist die eigene Vorstellung, einen passenden Aufhänger am Schluss zu finden, ist schon viel schwieriger: Idealerweise haben Sie während des Gesprächs eine Verabredung getroffen – Sie sehen sich wieder, werden telefonieren, geben eine Information, einen Artikel, einen Buchtitel, eine Adresse oder Ähnliches weiter. Zumindest bekunden Sie Ihr Interesse und bieten an, in Kontakt zu bleiben. In diesem Zusammenhang übergeben Sie Ihre Visitenkarte.

Praxis-Tipp:

Übergeben Sie Visitenkarten stets „von der Hand in die Hand" mit der Schrift nach oben und in Richtung des Gegenübers, so dass er sie direkt lesen kann. Versuchen Sie dabei so wenig wie möglich von Ihrer Karte zu verdecken.

Das bedeutet auch: Schieben Sie Ihre Karte nicht einfach über den Tisch auf Ihr Gegenüber zu oder verteilen Sie Visitenkarten nicht stapelweise über Tische an niemanden bestimmten. Ebenso wenig Sinn macht es, auf „Kartenjagd" zu gehen – nicht die Anzahl Ihrer Kontakte, respektive Visitenkarten, ist ausschlaggebend, sondern deren Qualität.

Praxis-Tipp:

Erhalten Sie eine Karte, so lesen Sie sie gleich und aufmerksam und heben möglichst noch ein Detail hervor, das Sie besonders interessant finden: Firmensitz, Funktionsbezeichnung, Titel, Namensschreibweise, schönes Papier, interessantes Logo, gelungene Gesamtkomposition und vieles mehr ist dafür geeignet. So haben Sie bereits abschließenden Gesprächsstoff.

Lehnen Sie niemals Visitenkarten ab. Egal welche Gründe Sie dafür haben, es ist in jedem Fall außerordentlich unhöflich. Stellen Sie sich vor, jemand sagt zu Ihnen: „Ich werfe sie ja doch weg." Was für ein Affront! Da haben Sie sich wohl im Vorfeld schon in der Person getäuscht. Auf der anderen Seite sollten Sie stets, wenn Sie eine Karte erhalten, mit einer eigenen entgegnen. Auch hier gibt es keine Ausnahmen. Selbst wenn Sie mit der Person nichts weiter zu tun haben wollen, ist es ein Zeichen mangelnder Höflichkeit, nur eine Karte anzunehmen und keine weiterzugeben. Wie würden Sie sich auf der anderen Seite fühlen?

Beispiele:

- Ich selbst war einmal in der Situation, dass ich einem Kollegen meine Karte gab, aber keine zurückerhielt. Nach wenigen Minuten sagte ich: „Nun, nach den gängigen Umgangsformen sollte ich jetzt auch eine Karte von Ihnen bekommen. Gibt es einen Grund, dass dies nicht geschah?" Seine Antwort war: „Ich war einfach neugierig, ob Sie wohl etwas sagen würden und wenn ja, wie lange es wohl dauert." Sie können sich vorstellen, dass ich auf einen solchen Kontakt keinen weiteren Wert lege.

■ Von einem besonders stillosen „Trick" erzählte mir einmal ein Teilnehmer: Ihm war geraten worden, seine Karte mit der weißen Seite nach oben zu übergeben. Durch die dem Menschen eigene Neugierde zwinge man so sein Gegenüber, sie gleich umzudrehen und zu lesen, anstatt sie einfach einzustecken. Die meisten Menschen fühlen sich von einem solchen Verhalten auf den Arm genommen. Und sollte ein solcher Kniff nötig sein, fragen Sie sich, ob Sie dieser Person wirklich Ihre Karte geben wollen.

Jemanden, der sich intensiv mit seinen technischen Utensilien (z. B. Zeitplansysteme, Mobiltelefone und Laptops) beschäftigt, sprechen wir nicht an, um nicht zu stören. Daher gilt für alle Situationen mit Smalltalk-Charakter: Kein Arbeiten und keine Spielereien an Zeitplansystemen, Mobiltelefonen und Laptops. Zeigen Sie Ihren potenziellen Gesprächspartnern, dass sie Ihnen wichtig sind, indem Sie Anrufe und Ähnliches zurückstellen. Jedes andere Verhalten gibt Ihren Gegenübern das Gefühl, zweite Wahl zu sein. Mehr zum „Technikhandling" in spezifischen Situationen im nächsten Kapitel.

Jede Situation
hat ihre Hürden ...

3

Kommunikation am Arbeitsplatz

Der Ort, an dem Sie sich vermutlich die meiste Zeit aufhalten, ist Ihr Arbeitsplatz und dessen Umfeld: Büro, Werkstatt, Ladengeschäft und mehr. Auch wenn (oder gerade weil) Sie in dieser Umgebung viel Übung haben, lohnt es sich – für einen positiven Arbeitsalltag – einen genauen Blick auf das dort vorherrschende Kommunikationsverhalten zu werfen.

Kommunikation am Arbeitsplatz (interne Unternehmenskommunikation) wird unterschieden nach formellem und informellem Austausch. Der formelle Austausch beinhaltet alle „offiziellen" Wege und Abläufe innerhalb des Unternehmens. Informell sind dagegen diejenigen Formen von Kommunikation, die direkt und außerhalb von Hierarchien und Unternehmensstrukturen stattfinden. Hier finden Sie Smalltalk. Diesem Austausch wird ein hohes Maß an Effektivität nachgesagt, und es gibt mehr und mehr Firmen, die ihn zu fördern versuchen. Dennoch brauchen informelle Kommunikation und Smalltalk am Arbeitsplatz auch mit Arbeitsthemen einige Regeln, um die positive Wirkung spürbar werden zu lassen.

Wo und wie unterhalten Sie sich mit Ihren Kollegen?

Typische Smalltalk-Situationen bei der Arbeit sind Treffen in der Kaffee- oder Teeküche, im Raucherbereich, auf dem Flur, im Treppenhaus oder auf der Toilette. Wirklich geeignet sind jedoch nur die ersten beiden Bereiche. Auf offenen Fluren oder anderen Verbindungswegen – insbesondere bei Großraumbüros – stören Sie sonst Ihre Kollegen, auf der Toilette die Privatsphäre Ihres Gegenübers. Falls Sie an solchen Orten Menschen treffen, mit denen Sie sich unterhalten wollen, verabreden Sie sich für ein (zeitnahes, kurzes) Gespräch an einem anderen Ort.

Wenn Sie neu in eine bestehende Abteilung oder Projektgruppe kommen, können Sie schnell den Eindruck bekommen, dass alle anderen sich duzen. Trotzdem sollten Sie nicht ohne klare und eindeutige Aufforderung vom „Sie" abgehen. Das gilt auch für Unternehmen, in denen eine besondere Art der Ansprache üblich ist (z. B. „Sie" plus Vorname).

Suchen Sie das Gespräch mit einem anderen Mitarbeiter an dessen Arbeitsplatz, so platzen Sie nicht einfach hinein. Bei Einzel- oder Gruppenbüros lernen Sie schnell die Signale kennen, wie Anklopfen oder eine geschlossene Tür für „Bitte nicht stören" oder andere übliche Vorgehensweisen. Ist es bei Ihnen üblich, die Tür immer oder niemals zu schließen, so stecken Sie trotzdem zunächst den Kopf nur ein kleines Stück in den Raum und versichern sich, ob oder wann eine gute Gelegenheit für einen kurzen Austausch ist. Längere Gespräche sollten Sie sowieso stets planen, terminieren und vorbereiten.

Wichtig: Auch vor, nach oder während der Mittagszeit grüßen Sie Ihre Kollegen, aber bitte verkneifen Sie sich das Wort „Mahlzeit"; es ist veraltet und signalisiert schlechten Stil!

Klatsch und Tratsch am Arbeitsplatz

Auch wenn „Büroklatsch" zu den beliebtesten Themen gehört, so ist er trotzdem ein Tabu. Allerdings will ich ihn nicht nur verteufeln: In Ausnahmefällen kann es auch hilfreich sein, über schwierige Situationen von Kollegen informiert zu werden, da so eine größere Distanz aufrechterhalten wird, als wenn die Person selbst Sie darüber informiert. Es besteht ein signifikanter Unterschied zwischen der Weitergabe von Informationen und Tratsch.

Jede Situation hat ihre Hürden …

Die schwierigsten Situationen entstehen darüber hinaus sicherlich, wenn eines der beiden Extreme ins Spiel kommt: Liebe oder Mobbing. In beiden Fällen haben die Betroffenen es schwer genug, als dass Sie auch noch Ihr Getuschel oder Ihr gut gemeintes Verbreiten brauchen könnten. Beschränken Sie sich auf direkte und ehrlich gemeinte Hilfsangebote und – falls gewünscht – konkrete Hilfe.

Verhalten bei Besprechungen und Meetings

Es kursieren jede Menge kluger Sprüche über Besprechungen – die meisten sind wenig schmeichelhaft für Leitung und Teilnehmende. Auch Tipps für ein besseres Besprechungsmanagement gibt es vielfältig (siehe auch Literaturhinweise). Im Zusammenhang mit Smalltalk ist mir jedoch viel wichtiger, dass Sie Besprechungen auch zum informellen Austausch nutzen können, wenn Sie sich die Zeit dafür nehmen. Interessante Aspekte dazu finden Sie bei Gudrun Fey: Kontakte knüpfen und beruflich nutzen.

Umtrunk, Betriebsfest, Firmensport

Gelegenheiten für einen Umtrunk im Betrieb wechseln sich ab: Einstände, Ausstände, Geburtstage, Jubiläen, Erfolgsfeiern und mehr. Auch bei Betriebsfesten und in Firmensportgruppen treffen Sie Kollegen. In all diesen Fällen sollten Sie sich bei Gesprächen auf ein Minimum an Geschäftlichem, wie aktuelle Projekte, beschränken. Dies sind die besten Gelegenheiten, mehr über Ihre „Mitspieler" zu erfahren und sich selbst auch von Ihrer menschlichen Seite zu zeigen.

Wenn einer eine Reise tut …

Die Anzahl der Geschäftsreisen steigt nach wie vor stetig. Schauen Sie sich in den überregionalen Zügen der Bahn einmal um (insbesondere in den 1.-Klasse-Abteilen): Sie werden unter der Woche kaum Privatreisende entdecken. Umso wichtiger ist es, Reisezeiten nicht nur für sich zu nutzen, sondern auch angenehm zu verbringen. Wer auf so engem Raum miteinander umgehen muss, sollte einige Regeln beachten. Darüber hinaus bieten sich diese Themen für den Smalltalk unterwegs an:

- (Geschäfts-)Reisen und Ihre Einstellung dazu
- Landschaften
- Besonderheiten des Verkehrsmittels (Technik und Geschichte)
- Reisegewohnheiten
- Empfehlenswerte Routen, Hotels, Restaurants
- der Ort, von dem Sie kommen
- der Ort, an den Sie reisen
- der Grund Ihrer Reise

Im Auto

In Ihrem eigenen Wagen können Sie tun und lassen, was Sie wollen, solange Sie sich an Gesetze und Verkehrsregeln halten – und bis Sie andere Fahrgäste mitnehmen! Kümmern Sie sich um Ihre Gäste und passen Sie sich in Fahrweise, Beschallung, Klimaanlage und Lüftung deren Wünschen an. Natürlich in einem Rahmen, in dem es auch Ihnen noch angenehm ist. Wenn Sie dabei entspannt fahren können, bietet sich die Fahrt auch für Smalltalk an.

Ähnliches gilt für Sie als Bei- oder Mitfahrer. Passen Sie Ihre Wünsche zum Umfeld dem Bedürfnis des Fahrers an. Dessen Wohlbefinden beeinflusst schließlich auch Ihre Sicherheit. Wenn Sie sich unterhalten, achten Sie darauf, keine heiklen Themen anzuschneiden. Die Konzentration auf die Fahrt geht vor.

Wenn Sie während der Fahrt telefonieren müssen, bitte nur über Headset statt Lautsprecher. Sowohl für Ihren Gesprächspartner als auch für Ihre Mitfahrer kann eine unfreiwillige Telefonkonferenz unangenehm sein.

Im Zug

Grüßen Sie Ihre Mitreisenden und machen Sie eine zusätzliche Bemerkung. Wenn Sie keine weitere Gesprächsbereitschaft signalisieren wollen, belassen Sie es dabei. Fehlender Blickkontakt und kurze – wenn auch freundliche Antworten – zeigen schnell, dass Sie lieber arbeiten, schlafen oder lesen wollen (kein Grund, unfreundlich zu werden). Gerade auf Reisen habe ich schon die interessantesten Menschen kennen gelernt. Bitte versuchen Sie aber nicht, Ihrem Nachbarn ein Gespräch aufzuzwingen (das funktioniert sowieso nicht).

Wenn Sie an einem Tischplatz Ihren Laptop aufklappen, fragen Sie Ihr Gegenüber, ob das so in Ordnung für ihn ist. Falls jemals ein Nein als Antwort kommen sollte, rücken Sie es einfach so zurecht, dass es ganz auf Ihrer Hälfte des Tisches steht. Bitte stellen Sie es auf „lautlos", um Ihre Nachbarn nicht unnötig zu stören. Und falls Ihr Nachbar am Rechner arbeitet: Seien Sie diskret und lesen Sie nicht auf dessen Bildschirm mit!

Viele Züge sind in der 1. Klasse mit Handy-Waggons und Ruhe-Bereichen ausgestattet – halten Sie sich daran! Aber auch im Handy-Abteil stellen Sie Ihr mobiles Telefon auf „leise" und telefonieren mit einem funktionsstarken Mikrofon, um Ihr Umfeld möglichst unbehelligt von Ihren Gesprächen zu lassen.

Ihr reservierter Platz ist besetzt? Bleiben Sie freundlich und fragen Sie nach – ein Missverständnis kann es schließlich auf beiden Seiten geben. Vielleicht ist ein Nachbarplatz frei, dann überlegen Sie, ob Sie nicht auch dort Platz nehmen können. Übrigens bestimmt schon Ihr gewählter Platz (1. oder 2. Klasse, mit oder ohne Handy-Empfang, mit oder ohne Steckdose), was für Menschen eher um Sie herum sitzen werden. Vielleicht wollen Sie das beim nächsten Mal bedenken.

Selbstverständlich gilt auch bei Zugbegleitern und Angestellten im Speisewagen: Freundlichkeit ist das oberste Gebot.

Im Flugzeug

Sie sind häufig im Flugzeug unterwegs? Dann unterscheiden Sie auch auf Anhieb routinierte Flieger von Gelegenheitspassagieren. Nach meiner Erfahrung kommt es regelmäßig zu Falschbelegungen der Plätze.

Achtung: Seien Sie freundlich und lassen Sie sich einfach von der Person, die glaubt, Sie säßen auf deren Platz, die Bordkarte zeigen. Das ist einfacher und klärt das Missverständnis meist reibungsloser als sich selbst zu rechtfertigen. Auch Sie sind schließlich nicht vor Fehlern gefeit!

Grüßen Sie Ihre Nachbarn und machen Sie eine zusätzliche Bemerkung. In dieser Hinsicht agieren Sie genauso wie im Zug.

Flugangst ist eine weit verbreitete Phobie. Vermeiden Sie es, Ihre Mitreisenden zu beunruhigen. Ich erinnere mich gut an einen Flug, bei dem ich direkt auf Höhe der Tragfläche saß und gespannt die Bewegungen der Ruder verfolgte. Leider bemerkte ich erst sehr spät, dass mein Nachbar völlig verängstigt war, weil er dachte, etwas sei nicht in Ordnung.

Übrigens tun Flugbegleiter, was Sie können: Freundlichkeit verbessert den Service eher, als es jedes überhebliche Auftreten tun kann. Für ein Minimum an Umgangsformen erhalten Sie auch ein Minimum an Service – und das zu Recht!

Im Hotel

Natürlich gelten auch im Hotel die Gebote der Höflichkeit und Freundlichkeit. Es hilft, wenn Sie vorab sagen können, zu welcher Zeit Sie ungefähr anreisen. Halten Sie für die Personen, die Ihren Wagen einparken und Ihre Koffer befördern, Trinkgelder bereit.

Jede Situation hat ihre Hürden …

Für die Zimmermädchen platzieren sie es auf dem Kopfkissen, im Bad oder sonst gut sichtbar – bitte gleich nach der ersten Nacht und nicht erst am Abreisetag.

Manche Geschäftsreisende empfinden es als schwierig, abends alleine im Hotelrestaurant zu essen. Viele Restaurants sind darauf im Gegenzug bereits eingerichtet und haben viele kleine Tische zur Verfügung. Bitte lassen Sie sich jedoch nicht mit einem „Katzentisch" abspeisen. Sie müssen weder vor der Küche oder der Toilette noch vor der Eingangstüre (in der Kälte) sitzen und – insbesondere als Frau – auch nicht mittendrin, sozusagen auf dem Präsentierteller.

Restaurants – die andere Art der Öffentlichkeit

In Restaurants und Gaststätten sehen wir uns einer seltsamen „Mischsituation" gegenüber: Einerseits befinden wir uns in der Öffentlichkeit des Lokals, andrerseits aber doch in der – relativen – Privatheit unseres Tisches. Besonders in Häusern der gehobenen Klasse erleben wir noch eine deutliche Ritualisierung des Ablaufs; das macht den Unterschied zwischen stillosem und stilvollem Auftreten besonders deutlich.

Geschäftsessen: Einladungen von und für Kunden

Die besondere Situation von Geschäftsessen im Restaurant ist geprägt durch die drei Parteien: Gäste, Gastgeber und Bewirtende. Sie als Gastgeber fungieren hier als Kontaktperson nach beiden Seiten.

Wohin Sie einladen und wie Sie die Einladung aussprechen – frühzeitig oder kurzfristig, mündlich oder schriftlich – zeigt Ihren Gästen den „Wert", den Sie dem Abend beimessen. Das heißt aber nicht zwangsläufig „je teurer, desto besser", sondern vielmehr „je passender für die Gäste ausgewählt, desto wichtiger". Als mit Abstand hochrangigste Einladung gilt übrigens die Einladung von Geschäftspartnern zu Ihnen nach Hause!

Wichtig: In jedem Fall widmen Sie sich an diesem Abend den Gästen, das bedeutet auch: Handy aus!

Von der Reservierung bis zur Rechnung

Bereits bei der Reservierung können Sie den geplanten Abend vorbestimmen. Je abgelegener Ihr Tisch ist, desto ungestörter können Sie sich unterhalten. Gibt es keinen solchen Platz mehr, wählen Sie einen „mittendrin" – dort sind Sie so vielfältig umgeben, dass Ihre Gespräche wiederum untergehen. Denken Sie auch daran, dem Restaurant mitzuteilen, welchen besonderen Anlass dieser Abend hat. Vielfach werden Sie durch entsprechende Dekoration oder andere Überraschungen gewürdigt.

Informieren Sie bereits bei der Reservierung darüber, wer die Rechnung begleicht und wie sie beglichen wird, so dass Unklarheiten vor Ihren Gästen vermieden werden. Wenn Sie ankommen, wiederholen Sie die Information sicherheitshalber diskret.

Wenn Sie ein Menü vorbestellen wollen, informieren Sie sich zunächst bei Ihren Gästen, ob es Unverträglichkeiten hinsichtlich bestimmter Zutaten gibt, vielleicht sind auch Vegetarier unter Ihren Gästen. Es spricht heute jedoch nichts dagegen, „à la carte" zu essen. In diesem Fall geben Sie Ihren Gästen durch einige Empfehlungen die Preisklasse vor, in der Sie sich bewegen wollen. Das erhöht den Wohlfühlfaktor für beide Seiten. In manchen Restaurants der gehobenen Klasse können Sie auch Gästekarten ohne Preise für die Eingeladenen erhalten. Allerdings fühlen sich die meisten Gäste doch wohler, wenn Sie wissen, in welchem Bereich sich ihre Wahl bewegt.

Jede Situation hat ihre Hürden …

Wichtig: Scheuen Sie sich nicht, sich von Kellner oder Sommelier Empfehlungen aussprechen zu lassen oder auch direkt danach zu fragen. Sie haben Fachleute vor sich, deren Kenntnisse Sie gerne würdigen können.

Haben Sie einen Weinkenner unter Ihren Gästen? Es kann eine schöne Geste sein, ihm den Probeschluck zu überlassen. An Ihnen als Gastgeber ist es, auch durch solche Zeichen und die Anregung passender Smalltalk-Inhalte für eine angenehme Atmosphäre zu sorgen. Nahe liegende Gesprächsaufhänger sind hier natürlich alle Themen, die sich um das Ambiente, Essen, Trinken und Genießen drehen.

Umgang mit den Angestellten

Wie stets sollten Sie auch im Restaurant auf ausgesuchte Freundlichkeit gegenüber dem Service-Personal achten und am Ende auch ein angemessenes Trinkgeld geben. Denken Sie an das Motto: Minimaler Service für minimalen Einsatz. Jede Zusatzerwartung sollten Sie durch Ihr Auftreten entsprechend würdigen.

Sparen Sie auch nicht an – ehrlich gemeintem – Lob und Komplimenten für Service und Küche. Falls Kritik nötig ist, bringen Sie diese deutlich an, jedoch ohne Aufsehen zu erregen oder gar den Ton zu heben.

Machen Koch oder Geschäftsführer die Runde durch das Lokal, haben Sie Gelegenheit, persönlich Ihre positiven Eindrücke auszusprechen, nutzen Sie sie! Zwei bis drei freundliche Sätze zu Ambiente, Menü und Service sind das richtige Maß. Fühlen Sie sich nicht bemüßigt, sich als besondere Kenner oder Stammgäste hervortun zu wollen, das ist einfach peinlich.

Wichtig: Sollte die Bedienung nicht von selbst auf Sie zukommen, machen Sie durch Blickkontakt mit Lächeln und Nicken – eventuell mit einer kleinen Geste verbunden – darauf aufmerksam, dass Ihnen etwas fehlt.

Seminare, Tagungen, Konferenzen

Eine ganz eigene Art des Zusammentreffens bilden Bildungs- und andere Fachveranstaltungen. Hier treffen Sie und andere Interessierte sich mit klaren fachlich-sachlichen Zielen und haben dennoch vielfältigen Raum zum persönlichen Austausch.

Ihre Vorbereitung

Bei Fachveranstaltungen rentiert es sich, vorab die Teilnehmerliste anzuschauen. So bekommen Sie einen Eindruck vom Publikum und davon, wer potenzielle Gesprächspartner sein können. Bereiten Sie sich auch inhaltlich vor und bilden Sie sich eine Meinung zum Thema, so können Sie gleich mitreden.

Während des Programms

Während der Veranstaltung sind Sie nicht persönlich erreichbar: Ihr Handy ist aus. Da üblicherweise ungefähr alle 90 Minuten eine Pause eingelegt wird, ist die Wahrscheinlichkeit jedoch recht gering, dass sich zwischenzeitlich Katastrophen ereignen, die Sie hätten abwenden können. Für Notfälle bieten einige Veranstalter einen Sekretariatsservice an. Ansonsten nimmt auch die Hotel-Telefonzentrale Nachrichten für Sie an. Erkundigen Sie sich vorab nach der Nummer und hinterlassen Sie diese bei den Personen, die Sie in Notfällen zu erreichen versuchen.

Fühlen Sie sich bei so viel kompetentem Publikum eingeschüchtert? Achten Sie darauf, sich gleich in den ersten Minuten der Veranstaltung zu Wort zu melden und etwas zu sagen. Damit senken Sie Ihre persönliche Hemmschwelle deutlich. Je länger Sie mit Ihrem ersten Beitrag warten, desto größer wird die Wahrscheinlichkeit, dass Sie stumm bleiben.

Wichtig: Vermeiden Sie Nebengespräche während der Vorträge oder Diskussionen. Nutzen Sie lieber die Pausen und Rahmenzeiten für Kontaktgespräche.

Mahlzeiten und Rahmenprogramm

Besonders, wenn Sie auch im Veranstaltungshotel übernachten, bieten sich vielfältige Möglichkeiten zum Smalltalk und Kontakte knüpfen. Themen können sein:

- Das Grußwort

- Die fachlichen Inhalte

- Das Abend- oder Rahmenprogramm

- Umfeld und Ambiente der Veranstaltung

- Weiterbildung und „lebenslanges Lernen"

Gesellschaftliche Anlässe – eine besondere Herausforderung

Was genau sind gesellschaftliche Anlässe? Hier handelt es sich um Partys, Stehempfänge, Konzerte, Theateraufführungen, Vernissagen, Bälle, Weihnachtsfeiern, Sommerfeste und vieles mehr. Gemeint sind vor allem solche Anlässe, bei denen berufliche Themen tabu sind. Insbesondere diese Veranstaltungen sind es auch, auf die ich mich mit meiner CD „Vom Smalltalk zum Netzwerken" beziehe.

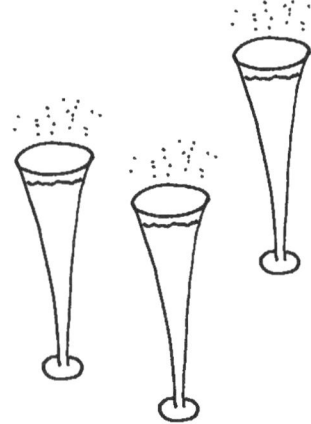

Wichtig: Das Typische an gesellschaftlichen Anlässen ist, dass Ihre Kontakte so vielfältig sein können wie zu kaum einer anderen Gelegenheit. Entsprechend gilt hier: Seien Sie zu allen anderen Gästen oder Besuchern gleich freundlich und offen, so können Sie die erstaunlichsten Dinge kennen lernen.

Ihre Vorbereitung

Die Vielfältigkeit der Veranstaltung macht es nötig, besonders genau die Einladung zu lesen oder nach den Modalitäten zu fragen. In fast jedem dieser Fälle gibt es einen oder mehrere Gastgeber – machen Sie sich die Mühe und finden Sie sie heraus. Ein Gastgeschenk ist auch stets angesagt.

Bei gesellschaftlichen Anlässen werden Sie am häufigsten mit Begleitung erscheinen. Denken Sie daran, im Vorfeld Absprachen zu treffen.

Machen Sie sich vorab schlau über den fachlichen Teil des Anlasses – so erhalten sie die besten Gesprächsaufhänger und können mitreden: Die künstlerische Richtung, vergleichbare Stücke, der Ablauf beim letzten Mal und vieles mehr.

Handys und Co.

Egal bei welcher Art von gesellschaftlichen Veranstaltung: Jedes „technische Spielzeug", wie Handy, Notfallpiepser, Minicomputer, bleibt im besten Fall zu Hause, im mindesten Falle ist es stumm und unsichtbar. Und falls der Notfall eintritt und Sie ein Telefonat führen müssen, entschuldigen Sie sich kurz bei Ihrem Umfeld und gehen nach draußen, bevor Sie sprechen.

Verhalten am Büffet

Achtung am Büffet: Sie bedienen sich erst, wenn es offiziell eröffnet ist. Auch dann stürzen Sie sich bitte nicht nach vorne, um als

Jede Situation hat ihre Hürden …

Erster abräumen zu können. Genauso seien Sie aber auch nicht zu zögerlich, die Speisen sind schließlich dazu da, um gegessen zu werden.

Nichtsdestotrotz ist das Büffet natürlich eine ideale Kontaktbörse. Sprechen Sie über die Gerichte vor Ihnen. Fragen Sie die Person neben sich, ob sie dies oder jenes schon probiert hat. Oder empfehlen Sie einfach (auch ungefragt), was Sie besonders lecker finden. Auch wie originell oder liebevoll die Speisen angerichtet sind, kann Ihnen als Aufhänger dienen. Wenn sich ein interessantes Gespräch am Büffet entwickelt, tauschen Sie aus, wo Sie sitzen oder wie Sie sich wieder treffen können. Ihre Visitenkarten tauschen Sie erst nach Abschluss des Essens – Fischflecken und Käsegeruch fallen sonst am nächsten Tag eher unangenehm auf.

Umgang mit dem Service-Personal

Gibt es Service-Personal, so freuen Sie sich über die freundlich-aufmerksame Bedienung. Trinkgelder werden hier jedoch von den Gästen keine gegeben. Dies ist Sache des Veranstalters oder Gastgebers.

Halten Sie sich für Gespräche an die anderen Gäste und lassen Sie das Personal seine Arbeit machen. Trotzdem freuen sich auch Angestellte über ein freundliches Bitte und Danke sowie ein Kompliment für die zuvorkommende Bedienung.

Gibt es Grund zur Kritik? Bitte sagen Sie dies leise der Person, die es betrifft, sofern sich die Situation direkt ändern lässt. Lässt sich die Störung nicht beheben, machen Sie auch kein Aufhebens davon. Es gibt keinen Grund, dem Gastgeber die Veranstaltung zu verderben. Falls es nötig erscheint, reicht eine Information auch am nächsten Tag.

„Was kann ich für Sie tun?": Smalltalk in Service-Situationen

4

Kundenorientierung und Smalltalk

Über „Service“, „Kunden“ und „Gäste“

Service ist ein breiter Begriff. Im engeren Sinn gibt es ihn in Hotellerie und Gastronomie, im weiteren Sinn betrifft er jeden Bereich, in dem Gäste und Kunden betreut sein wollen. Dazu gehören natürlich beratungsintensive Bereiche, wie Ärzte, Ämter, Banken und Versicherungen, Kosmetik und Friseur, Reisebegleitung oder Einzelhandel. Im Endeffekt jedoch ist es das Maß an Servicedenken, dass jedes Unternehmen von seinen Wettbewerbern abhebt. Nicht umsonst ist „Kundenorientierung“ auch zu einem wichtigen Schlagwort in der Industrie geworden. Besonders im Personalwesen – bedingt durch den immer enger werdenden Markt an hoch qualifizierten Kräften – wird dem potenziellen Mitarbeiter ein hohes Maß an Kundenorientierung entgegengebracht.

Doch schon der Begriff „Kunde“ kann missverständlich sein. Für mich versteckt sich dahinter letztendlich jede Person, mit der ich in meinem beruflichen Umfeld zu tun habe. Und da ich der Meinung bin, dass all diese Menschen wie Gäste behandelt werden sollen, verwende ich die Bezeichnungen „Kunde“ und „Gast“ hier gleichbedeutend.

Kundenorientierung und was sie bedeutet

Kundenorientierung zeigt sich in verschiedenen Facetten – besonders in Ihrem täglichen Umgang mit dem Gast. Er ist das wichtigste Gut eines Unternehmens: Er bezahlt mit seinem Geld eine Leistung oder ein Produkt und sichert damit die Zukunft des Unternehmens. So gesehen zahlt der Kunde auch Ihr Gehalt!

„Kundenorientierung“ meint, den Kunden ernst zu nehmen mit seinen Anliegen. Mag diese Sache für Sie manchmal noch so unverständlich sein, für den Kunden ist es wichtig genug, um sich damit an Sie zu wenden.

Zum Thema Kundenorientierung gibt es jede Menge Untersuchungen und Zahlen. Der deutsche Service schneidet dabei nicht besonders gut ab. Das kann sich ändern! Ein Anfang ist es, Kunden konsequent zu grüßen – regelmäßig und freundlich. Bedenken Sie: Es ist sehr viel aufwendiger, einen neuen Kunden zu gewinnen, als einen bestehenden zu begeistern.

Die meisten unzufriedenen Kunden sagen nichts oder antworten sogar auf Ihre Fragen nach der Zufriedenheit mit „gut" oder „okay". Dafür erzählen sie dann vielen Freunden und Bekannten von Ihrer schlechten Erfahrung und gehen in Zukunft woanders hin. Schaffen Sie es allerdings, Unangenehmes zu erfahren und den Kunden daraufhin voll zufrieden zu stellen, ist Ihre Chance groß, einen besonders treuen Gast zu gewinnen.

Smalltalk im Service – wozu?

Wozu aber ist nun Smalltalk im Service gut? Ist es nicht viel besser, einfach zu tun, was der Gast sich wünscht? Ja, das ist sozusagen das „Kleine Einmaleins" des Service, das ich hier voraussetze. Zum „Großen Einmaleins" gehört jedoch mehr als harte Fakten. Die speziellen Ziele von Smalltalk im Service sind daher:

- Wünsche des Kunden herausfinden

- Atmosphäre angenehm gestalten

- Persönlichkeit und Individualität zeigen

Wünsche des Kunden herausfinden

Wenn Sie über den Standard-Service hinausgehen wollen, wird es wichtig herauszufinden, welche persönlichen Prioritäten Ihr Kunde hinsichtlich Ihres Angebots hat. Das ist über Smalltalk möglich und auch nötig. Denn häufig sind es verborgene Ideen und Wünsche Ihres Kunden und nicht die offensichtlichen oder direkt geäußerten, die Ihnen Anhaltspunkte für besondere Service-Aspekte bieten. Dazu ist es besonders wichtig, dass Sie Ihrem Kunden die richtigen Fragen stellen und gut zuhören. Bitte beachten Sie hierzu noch einmal das im zweiten Kapitel unter „Zuhören und Fragen stellen: Smalltalk-Hilfen und -Mittel“ Gesagte.

Atmosphäre angenehm gestalten

Den Aufenthalt Ihres Kunden wollen Sie so angenehm wie möglich ausrichten. Dazu gehört einerseits ein funktionierender fachlich-sachlicher Service. Darüber hinaus jedoch empfinden es die Menschen als besonders freundlich, auch auf Dinge angesprochen zu werden, die nicht direkt die gemeinsame Arbeit oder die aktuelle Situation betreffen. Natürlich gilt auch hier das Angemessenheitsprinzip: Beobachten Sie Ihren Gast mit Feingefühl und finden Sie heraus, wie viel Smalltalk ihm gut tut. Der Hauptunterschied zu anderen Smalltalk-Situationen ist lediglich, dass der Fokus in diesem professionellen Umfeld noch deutlich mehr auf Ihrem Gegenüber – dem Kunden – liegt.

Persönlichkeit und Individualität zeigen

Indem Sie Ihrem Gast mit persönlichem Stil begegnen, erreichen Sie zweierlei: Sie finden viel mehr Spaß an Ihrer Arbeit – ein ganz wichtiger Punkt, wie ich finde. Und Ihr Kunde fühlt sich selbst persönlich angesprochen, individuell behandelt und ernst genommen – das sind wichtige Voraussetzungen für Zufriedenheit und Begeisterung.

Wie Sie Ihren Kunden erfolgreich begegnen

Die Räumlichkeiten

Im zweiten Kapitel unter „Objektkommunikation" kam auch Proxemik zur Sprache, die nonverbale Kommunikation hinsichtlich der Raumwahrnehmung.

Übung zur Raumwahrnehmung Ihres Kunden

Sehen Sie sich einmal aufmerksam an Ihrem Arbeitsplatz um und betrachten Sie alles mit den Augen eines potenziellen Kunden. Dazu gehören

- Firmengelände und -gebäude

- Eingangsbereich

- Empfangsbereich

- Wartebereich

- Sie selbst als Ansprechpartner

- Telefonanlage als Medium (insbesondere die Wartemelodie)

- was Ihnen sonst noch auffällt

Das „Gesicht" des Kundenkontakts

Jedes Gesicht hat seine ganz markanten Merkmale: Augen, Nase, Lippen, Ohren. Sie halten unsere Augen fest, wecken unser Interesse, machen es unverwechselbar und persönlich und entscheiden mit über die Wirkung des Menschen.

Ebensolche „Eckpunkte" gibt es auch bei Ihrem Kundenkontakt: Begrüßung, Fragen und Bitten, Dankeschön sowie Verabschiedung. Hier können Sie Ihrem Gegenüber ein hohes Maß an persönlicher Aufmerksamkeit widmen, mit ganz einfachen Mitteln und ohne großen Aufwand. Diese Dinge können Sie schnell und unkompliziert umsetzen.

Begrüßung

Ein ansprechende Begrüßung dient der ersten freundlichen Kontaktaufnahme. Sie zeigt Ihrem Gegenüber, dass Ihre Aufmerksamkeit nun ihm gilt, und besitzt dabei deutlichen Aufforderungscharakter. Ein freundlicher Gesichtsausdruck und Blickkontakt gehören in jedem Fall dazu. Verstärken Sie diese Signalwirkung, indem Sie Ihre Grußformel variieren und individuell gestalten – abgestimmt auf die Region, die Person, die Tageszeit.

Praxis-Tipp:

- Sprechen Sie Ihr Gegenüber so schnell wie möglich mit Namen an und wiederholen Sie ihn ab und zu. Aber nicht übertreiben! Sonst wirken Sie schnell unglaubwürdig oder unterwürfig. Außerdem mag nicht jeder, wenn sämtliche Umstehenden auch den Namen mitbekommen.

- Nennen Sie auch Ihren eigenen Namen, damit Ihr Gegenüber es leichter hat, Sie bei Folgekontakten anzusprechen. Die meisten Namensschilder sind nämlich einfach nicht lesbar und höchstens als Unterstützung geeignet.

Fragen und Bitten

Um zu erfahren, was Sie für Ihr Gegenüber tun können, oder um nötige Informationen zu erhalten, hilft Ihnen in erster Linie Klarheit. Viele Unstimmigkeiten entstehen durch Missverständnisse. Was für Sie selbstverständlich ist, kann für Ihren Gast völlig unverständlich sein. Beugen Sie dem vor, indem Sie klar, also nicht „durch die Blume" mit Phrasen und Floskeln formulieren. Natürlich soll unter steigender Klarheit und Prägnanz nicht die Freundlichkeit leiden. Es ist jedoch ein Trugschluss anzunehmen, dass Blumigkeit eine Bedingung für Freundlichkeit ist. Machen Sie sich bewusst, dass Ihre Klarheit auch Ihrem Gegenüber hilft. Freundlichkeit signalisieren Sie durch Ihre Körperhaltung, Lächeln und Blickkontakt.

Klare Fragen und Bitten

- „Wie ist bitte Ihre Zimmernummer? oder „Welche Zimmernummer haben Sie, bitte?"
(Statt: „Können Sie mir Ihre Zimmernummer sagen?" oder „Ihre Zimmernummer?")

noch: Klare Fragen und Bitten

- „Bitte nehmen Sie jetzt (kurz) Ihre Brille ab."
  (Statt: „Könnten Sie vielleicht mal Ihre Brille abnehmen?")

- „Bitte notieren Sie mir hier Ihre Anschrift."
  (Statt: „Wenn Sie mir noch Ihre Anschrift hinterlassen…")

- „Mögen Sie jetzt Kaffee oder Tee?"
  (Statt: „Darf ich Ihnen noch was Heißes bringen?")

Um dem Gast Ihre Anliegen verständlich zu machen, arbeiten Sie den Kundennutzen für ihn heraus. Was hat er davon, wenn er tut, was Sie wünschen? Je besser er Ihre Bitte versteht und den eigenen Vorteil daraus erkennt, desto bereitwilliger wird er Ihnen bei Ihrer Tätigkeit helfen. „Damit Sie schnell …", „Um Ihnen … zu vereinfachen." Vielleicht müssen Sie zunächst selbst überlegen, was Ihr Gegenüber davon hat. Wenden Sie dazu die „Bonbon"-Methode an (siehe unter „Formulierung und Wortwahl").

Dankeschön

Geizen Sie nicht mit Dank! Es gibt immer etwas, wofür Sie sich bedanken können – schärfen Sie Ihren Blick dafür. Allerdings muss er echt wirken, um seine freundliche Wirkung entfalten zu können. Echter Dank ist stets begleitet von einem Lächeln und Blickkontakt sowie gekennzeichnet durch die variierende individuelle Formulierung (Dank + Name + konkreter Inhalt).

Beispiel:

„Herzlichen Dank, Frau Müller, für Ihre aufschlussreiche Schilderung."

Es gibt viele Möglichkeiten, „Danke" zu sagen. Statt „Wir bedanken uns", oder gar „Ich möchte mich bedanken", tun Sie es doch einfach!

Mit einem

- „Danke"
- „Danke schön"
- „schönen Dank"
- „besten Dank"
- „lieben Dank"
- „herzlichen Dank"
- „vielen Dank"
- „Danke vielmals"

Für diese Inhalte bedanken Sie sich:

- das Gespräch
- das Telefongespräch
- das Treffen
- die Unterstützung
- die Hilfe
- die Vermittlung
- das Verständnis

Achtung: Bedanken Sie sich nicht für die „Mühe" oder „Bemühungen", das ist zu negativ und bringt Ihren Kunden vielleicht erst auf den Gedanken, dass es ja richtig mühevoll war, was er für Sie getan hat. Auch „Beschwerden" nennen Sie hier besser wertneutral „Informationen".

Und wie war das? Nennen Sie ehrlich gemeinte aber positive Adjektive, die den Inhalt näher beschreiben und konkretisieren. Diese können lauten:

- informativ, aufschlussreich, wichtig (auch für unangeneh-me Inhalte)

- ausführlich (Hat es lange gedauert?)

- freundlich, schön

- spontan, kurzfristig

Verabschiedung

Mit der Verabschiedung machen Sie die Begegnung rund. Im besten Fall macht Ihre Formulierung es Ihrem Gegenüber auch leicht und angenehm, wieder in Kontakt mit Ihnen zu treten. Je persönlicher und individueller Sie die Verabschiedung gestalten, desto besser erreichen Sie dieses Ziel.

Praxis-Tipp:

Der passende Wunsch: Wünschen Sie noch viel Erfolg für anstehende Aufgaben oder eine gute Heimreise, einen angenehmen, erfolgreichen Tag oder einfach eine schöne Zeit; aber achten Sie darauf, dass Ihr Wunsch auch passt. Und auch hier gilt: Ohne Blickkontakt und Lächeln können Sie sich die Worte sparen.

Häufig, wenn ich in dem Hotel übernachte, in dem auch mein Seminar stattfindet, wünschen mir die Angestellten beim Auschecken am Morgen eine angenehme Heimreise. Dass ich – wie die meisten Geschäftsreisenden – zunächst einen Arbeitstag vor Ort habe und erst am Abend wieder unterwegs bin, interessiert nicht. Das lässt den Wunsch wie eine leere, unechte Floskel klingen, finden Sie nicht? Im Zweifelsfall fragen Sie einfach danach: „Sie sind heute noch im Haus, nicht wahr?" oder „Sie sind heute noch in … unterwegs?" Dann erhalten Sie die Information, auf die Sie eingehen können. Die wenige Zeit, die Sie dafür einsetzen, zahlt sich allemal aus.

Wichtig: „Wir freuen uns, wenn Sie wiederkommen", „Wir wissen zu schätzen, dass Sie sich so viel Zeit für … genommen haben", „Wie schön, dass wir uns nun auch persönlich kennen lernen konnten." Sprechen Sie Ihre eigenen – positiven – Gefühle dem Gast gegenüber auch aus. Häufig sind es die konkreten Dinge, für die Sie sich auch bedanken können.

Praxis-Tipp:

Finden Sie mindestens einen positiven Aspekt in jedem Kundenkontakt. Ihre Arbeit wird Ihnen in einem anderen Licht erscheinen. Und Ihr Kunde freut sich – falls es ein positiver Aspekt ist, den Sie auch aussprechen können.

Variieren Sie die Grußformel. Auch wenn Ihr Gast nur einen Abschiedsgruß von Ihnen bekommt, wird er heraushören, ob es sich um Ihre Standardformulierung handelt.

Praxis-Tipp:

Finden Sie Grußformeln: Es sollen ja Ihre persönlichen Grußformeln sein, die Sie zur Begrüßung und zur Verabschiedung benutzen. Sammeln Sie alle Formulierungen, die Sie kennen – auch wenn Sie Ihnen zunächst in den meisten Fällen unangemessen erscheinen. Dann wählen Sie einige aus, bei denen Sie sich wohl fühlen und mit denen Sie variieren können. Es muss nicht immer „Guten Tag" und „Auf Wiedersehen" sein! Setzen Sie sich zum kreativen Sammeln mit Gleichgesinnten zusammen, Sie werden viel Spaß dabei haben.

Formulierung und Wortwahl

„Bonbon"-Methode

Wenden Sie die „Bonbon"-Methode an, um Ihrem Kunden die Zusammenarbeit schmackhafter zu machen, wenn

- er Bitten erfüllen soll,

- er Termine einhalten soll oder

- Folgen und Konsequenzen auftreten können.

Und so funktioniert es: Erst zeigen Sie Ihrem Gast seinen Nutzen auf, sagen ihm also, was er davon hat, dann, was er dafür tun muss. Achtung, diese Reihenfolge ist wichtig!

Beispiele:

- „Damit Sie, wenn Sie abreisen, schnell auschecken kön-nen, füllen Sie bitte die Minibar-Karte vollständig aus." (Bitte)

- „Damit Sie noch in diesem Monat Ihre Reisekostenerstat-tung erhalten, schicken Sie uns bitte bis zum 15. Ihre Abrechnung zu." (Termin)

- „Sobald Sie uns die Rahmendaten geben, beginnen wir mit der Aufbereitung – bis zur Fertigstellung werden dann vier Wochen vergehen." (Folgen)

Wichtig: Prinzipiell gilt im kundenorientierten Umgang miteinander: Sprechen Sie eher vom Kunden als von sich, also:

- „Bitte geben Sie uns ..." (Statt: „Wir brauchen ...")

- „Sie bekommen ..." (Statt: „Ich habe Ihnen ...")

Fremdworte und Fachbegriffe

Für Fremdworte gilt generell: Weniger ist mehr. Sie wissen nur selten, was Ihr Gast versteht und wie er zur Verwendung von Fremdworten steht.

Bei Fachbegriffen und -abkürzungen steht die Angemessenheit wieder mehr im Vordergrund. Je nach Publikum verwenden Sie mehr oder weniger fachspezifische Begriffe. Auch hier gilt: eher weniger Fachjargon benutzen! Oftmals ist es schwieriger, mit weniger Fachbegriffen auszukommen.

Praxis-Tipp:

Achten Sie einmal bewusst auf Ihre Sprache und identifizieren Sie Ihren Firmen- und Fachjargon. Viele spezifische Begriffe sind Ihnen als solche gar nicht mehr bewusst – Ihr Kunde hat allerdings Mühe zu verstehen, wovon Sie sprechen.

Positiv Formulieren

Sicherlich kennen Sie den berühmten Service-Spruch „Geht nicht, gibt's nicht!". Tatsächlich können Sie daraus ein Prinzip machen: Versuchen Sie stets zu sagen, was Sie tun können, nicht, was nicht funktioniert. Sie haben keine Lösung? Dann nennen Sie die Bedingungen und Voraussetzungen, unter denen sich eine Möglichkeit bietet.

Beispiel:

Diese Worte signalisieren Ihnen, dass Sie wenig lösungsorientiert eingestellt sind: „nein", „nicht", „nie", „aber", „unmöglich", „undenkbar", „prinzipiell", „müssen" und viele mehr.

„Was kann ich für Sie tun?": Smalltalk in Service-Situationen

Für viele Dinge gibt es mehrere Worte: negativ behaftete, wert-neutrale, positiv erachtete und beschönigende (Euphemismen). Je nachdem welche Worte Sie benutzen, machen Sie „Stimmung" und schaffen Emotionen. Oft geschieht dies unbewusst und das Resultat kann eine gespannte Atmosphäre sein – und Sie fragen sich dann, wie das passieren konnte.

Folgende Beispiele zeigen Ihnen, wie Sie Euphemismen wirkungs-voll verwenden können. Manche werden Ihnen mehr liegen als andere, es werden aber sicher passende für Sie dabei sein.

Beispiele:

- Frage, Diskussionsbeitrag (für: Einwand)

- noch zu erledigen, begonnen (für: nicht geschafft)

- noch zu verbessern (für: schlecht)

- Möglichkeiten, Hinweise (für: Tricks)

- von ... bis ... geöffnet (für: nachmittags geschlossen)

- informieren dürfen (für: sagen müssen)

- besser geeignet für (für: ungeeignet)

- Mitbewerber (für: Konkurrent)

- schon für fünf Euro (für: ab fünf Euro)

- Bitte entschuldigen Sie. (für: Sie müssen schon entschuldigen.)

- Da habe ich mich wohl undeutlich ausgedrückt. (für: Da haben Sie mich ganz falsch verstanden.)

- Ich vermute, hier liegt ein Irrtum vor. (für: Das stimmt nicht.)

- Das erscheint mir im Augenblick unwahrscheinlich. (für: Das kann gar nicht sein.)

- Haben Sie noch Zeit bis ...? (für: Sie müssen sich eben gedulden.)

- Das überrascht mich. (für: Das glaube ich kaum / nicht.)

Das richtige Wort in schwierigen Situationen

Besonders wenn die Situation mit Ihrem Gast schwierig wird, kommen Parolen auf wie „Der Kunde hat immer Recht" oder „Der Kunde ist König". Für Sie macht es die Situation nicht einfacher, vielleicht fühlen Sie sich sogar versucht, Ihre Macht ein wenig auszuspielen. „Das ist schließlich sein Problem!" Wirklich? Auch Ihr Gast will (normalerweise) keine Unterwürfigkeit, sondern einen fairen Umgang – möglichst in seinem Sinne natürlich. Mein Motto ist daher „Nicht Sieg sollte der Zweck der Diskussion sein, sondern Gewinn" – und zwar für beide Seiten (nach Joseph Joubert, französischer Moralist, 1754 – 1824).

Die Reklamationssituation

Was genau sind nun schwierige Situationen? Jede Konstellation, in der eine der Parteien unzufrieden ist, kann als schwierig angesehen werden. Ihr Augenmerk sollte also auch darauf gerichtet sein, wie zufrieden Sie im Großen und Ganzen mit Ihrer Tätigkeit sind. Ganz im Sinne der Kundenorientierung will ich jetzt jedoch das Augenmerk auf Ihre Gäste legen.

Kundeneinwände

Ein Einwand ist ein sachlicher Ausdruck der Unzufriedenheit Ihres Kunden. Er kann sich auf Ihre Dienstleistung, Ihren Service beziehen (harte Faktoren); in diesem Fall handelt es sich um einen direkten Einwand. Indirekte Einwände zielen auf die Kundenbeziehung und den Umgang miteinander (weiche Faktoren).

Häufig können Sie die direkten Einwände Ihrer Kunden nur schwer nachvollziehen. Natürlich ist jeder Mensch verschieden und setzt auch unterschiedliche Prioritäten. Oftmals werden Sie bei genauem Hinsehen jedoch feststellen, dass es sich um einen versteckten indirekten Einwand handelt. Es ist eben leichter zu sagen: „Das Steak ist zäh" als „Ich fühle mich von Ihnen lieblos bedient". Je angenehmer Sie die Beziehung – mit Hilfe von Small-talk – gestalten, desto zufriedener wird Ihr Gast sein. Und ist er es einmal doch nicht, haben Sie die richtige Basis, um es auch zu erfahren. Betrachten Sie also Einwände positiv: Sie sind völlig normal und ein Zeichen für Ihre offene und respektvolle Geschäfts-beziehung (sonst würde nur „hintenrum" geschimpft). Ihre Beziehung wird durch Informationen bereichert und Sie erhalten die Chance, sie weiter zu vertiefen. Lassen Sie Einwand auch mal Einwand sein – manchmal stimmen beide Sichtweisen.

Beschwerden

Eine Beschwerde ist von Anfang an durch größere Emotionalität gekennzeichnet: Ein Kunde, der sich beschwert, hat sich geärgert, fühlt sich ungerecht behandelt, vernachlässigt oder enttäuscht. Gleichzeitig glaubt er vielleicht, bei Ihnen auf taube Ohren zu stoßen, und übt deshalb (unnötigen) Druck aus. Zu diesen Gefühlen kommt nun noch der sachliche Aspekt hinzu. Also: Beschwerde = Einwand + Ärger oder sogar Wut

---

Passives und aktives Beschwerdemanagement

- Meistens beschäftigen wir uns mit Beschwerden, die bei uns eingehen. Dies ist der passive Umgang mit Reklamationen: Wir warten, bis etwas passiert.

- Oft sind es jedoch die kleinen Dinge, die unseren Service dauerhaft verbessern können. Für unseren Gast sind sie meist nicht wichtig genug, um sich selbst zu melden, einen langen Fragebogen auszufüllen oder sich gar zu beschweren. Durch aktives Beschwerdemanagement erfahren Sie diese Dinge und vermeiden späteres Hochkochen und Aufbauschen. Pflegen Sie also das Gespräch mit Ihrem Kunden durch Smalltalk und fragen Sie auch direkt nach den Kleinigkeiten, die er sich vielleicht noch besser gewünscht hätte.

Ist nun etwas schief gelaufen, hat Ihr Kunde folgende drei Kundenrechte: Fehler können ausgebessert werden oder die mangelhafte Ware wird gegen einwandfreie umgetauscht (Nachbesserung). Im Service ist dies leider kaum möglich. Es kann ein Preisnachlass gewährt werden (Minderung). Oder aber Waren werden zurückgegeben und Verträge aufgelöst (Wandlung). Das ist natürlich bei ausgeführtem Service nahezu unmöglich.

Vergleichen Sie nun diese Rechte mit den Wünschen, die Ihre Kunden laut Umfragen tatsächlich haben. Damit bieten sich Ihnen schon deutlich mehr Möglichkeiten.

Kundenwünsche

- ein Preisnachlass
- eine ernst gemeinte Entschuldigung
- ein kostenloser Artikel oder ein Geschenk
- ein Gutschein für zukünftigen Preisnachlass oder Serviceleistung
- die Zusicherung, dass seine Anregung aufgenommen wurde, sich etwas innerhalb Ihres Hauses geändert hat oder ändern wird und es nicht wieder zu solchen Pannen kommt

---

Smalltalk in Reklamationssituationen

Ist nun Smalltalk in Reklamationssituationen überhaupt angemessen? Sicherlich müssen wir der Gefühlswelt unseres Gegenübers Rechnung tragen. Auch darf der Gast nicht den Eindruck bekommen, dass hier ein Ablenkungsmanöver stattfindet. Auf der anderen Seite machen einige persönliche Worte jedoch deutlich, dass wir in der Lage sind, das Problem und den Menschen getrennt voneinander ernst zu nehmen. Deshalb lautet meine Antwort: Ja!

Die Service-Reaktion

Hier treffen Menschen und Service aufeinander

Gäste reklamieren nicht, um Sie zu ärgern, sondern vielmehr, um Ihrer bisherigen Zufriedenheit Ausdruck zu verleihen und Ihnen Änderungen im Service mitzuteilen. Sie erfahren also Details über Ihre Dienstleistung, die Ihnen sonst vielleicht noch lange unbekannt geblieben wären. Ist das nicht ein Grund, sich zu freuen und dem Kunden zu danken?

Leider passiert es häufig, dass reklamierende Gäste sich in Ausdruck und Ton vergreifen. Oft ist das ein Zeichen von Hilflosigkeit. Immerhin sind die meisten Kunden fest davon überzeugt, berechtigt zu reklamieren. Da dieses Auftreten jedoch auch bei Ihnen zu emotionalen Reaktionen führen kann, bedarf es einer persönlichen und einer sachlichen Reaktion, um gut damit umgehen zu können.

Ihre persönliche Reaktion

- Nehmen Sie Ihren Gast ernst und respektieren Sie seine Ansicht. Bleiben Sie höflich, freundlich und korrekt. Aggressivität oder Ironie sind hier fehl am Platz. Vermeiden Sie Rechthaberei.

- Äußern Sie Verständnis für Ihren Gast.

- Nehmen Sie sich Zeit für Ihre Reaktion (sofern das möglich ist) und machen Sie sich klar, ob Sie hinsichtlich des Einwands oder Ihres Gastes voreingenommen sind und wenn ja, in welchen Punkten und warum.

- Setzen Sie sich mit den sachlichen Vorwürfen auseinander, übergehen Sie die unsachlichen. Scharfe Formulierungen des Kunden sollten Sie nicht überbewerten. Fühlen Sie sich nicht persönlich getroffen. Versuchen Sie den Sachverhalt aus seiner Sicht zu sehen.

- Werden Sie aktiv!

Ihre sachliche Reaktion

- Tragen Sie alle Fakten zusammen und verschaffen Sie sich einen Über- und Einblick. Benötigen Sie noch Informationen vom Kunden?

- Hinter jeder Beschwerde steckt ein Verlust (von Zeit, Geld, Prestige). Versuchen Sie zu erfassen, was Ihr Kunde „verliert" und nehmen Sie ihn damit ernst. Formulieren Sie dies auch („Ich verstehe, dass Sie enttäuscht sind."). Das ist kein Schuldeingeständnis, sondern bricht die erste Lanze für Sie und Ihren Gast.

- Suchen Sie nach Lösungen – möglichst gemeinsam mit Ihrem Gast. Fragen Sie Ihren Gast doch einfach, was ihm wichtig ist. Uninteressant ist für ihn, warum der Vorfall zustande kam. Ersparen Sie sich auch Schuldzuweisungen; Sie und Ihre Kollegen stehen schließlich gemeinsam für das Haus.

- Wenn Sie die Lösung gemeinsam gefunden haben, leiten Sie alles in die Wege, dass diese auch kompetent und zuverlässig angegangen wird. Bestätigen Sie Ihrem Kunden, was Sie abgesprochen haben.

- Bedanken Sie sich bei ihm – schließlich hat er Ihnen die Chance zur Verbesserung Ihrer Abläufe gegeben.

- Und schließlich prüfen Sie intern, was Sie aus dieser Reklamation lernen. Was muss in Ihrer Organisation oder in Ihren Prozessen geändert werden, damit eine solche Reklamation nicht wieder auftreten wird. Initiieren Sie neue Abläufe aufgrund solcher Reklamationen und beugen Sie damit künftigen Fehlerquellen vor.

Begründen und entschuldigen

Wenn etwas schief geht, nennen Sie Ihrem Gast dann die Gründe? Es spricht viel dafür. Untersuchungen zeigen, dass Sie mit einer Begründung schneller ans Ziel kommen, aber Achtung:

- Rechtfertigen Sie sich nicht (lange Erklärungen klingen nach Rechtfertigung).

- Nennen Sie nur Gründe, die aus Unternehmenssicht vertretbar sind.

- Machen Sie keine Schuldzuweisungen!

- Lenken Sie nicht vom konkreten Sachverhalt ab.

- Legen Sie schnell den Schwerpunkt auf Lösungsmöglichkeiten für die Situation.

Ihr Service war keineswegs so, wie er hätte sein sollen. Entschuldigen Sie sich dann? Selbstverständlich – und zwar glaubwürdig und ernst gemeint! Übertreiben Sie es aber nicht. Mit einer einzigen guten Lösung kann Ihr Gast mehr anfangen als mit vielen Entschuldigungen.

Wir neigen auch dazu, uns viel häufiger zu entschuldigen, als es nötig wäre. Formulierungen wie:

- leider,

- wir bedauern,

- bedauerlicherweise,

- es tut uns leid

rutschen uns schnell über die Lippen. Dadurch schwächen wir unsere Position und übernehmen die Verantwortung für Dinge, für die wir nicht verantwortlich sind. In solchen Situationen passen manchmal Formulierungen wie „(es ist) schade, dass . . .".

So wird Ihr Stil lebendig – Netzwerken und Smalltalk im Alltag

5

Vom Smalltalk zum aktiven Netzwerken

Besonders im beruflichen Kontext sind Smalltalk und Netzwerken fast untrennbar verbunden. Aus einem interessanten Smalltalk wird schnell ein hilfreicher Kontakt und bestehende Kontakte lassen sich über das kleine Gespräch pflegen, verbessern oder vertiefen. Hier eine kurze Einführung für Sie (weitere Hinweise finden Sie auch bei Gudrun Fey: „Kontakte knüpfen und beruflich nutzen").

Was genau bedeutet „netzwerken"?

Im Zusammenhang mit Netzwerken wird häufig auch von „alten Seilschaften" gesprochen. Diese stehen im Ruf, Personen ohne Rücksicht auf deren tatsächliche Kompetenz oder Eignung zu begünstigen. Das hat mit moderner Kontaktpflege nichts zu tun. Netzwerken ist eine Form von Arbeitsteilung und aktivem Empfehlungsmarketing: Bei Bedarf an (Dienst-)Leistungen oder Informationen wird dabei eher auf Personen aus dem Umfeld zurückgegriffen als auf Unbekannte. Wenn Sie einen guten Zahnarzt suchen, fragen Sie schließlich auch lieber Bekannte oder Kollegen, anstatt sich einen Fremden aus dem Branchenbuch zu suchen.

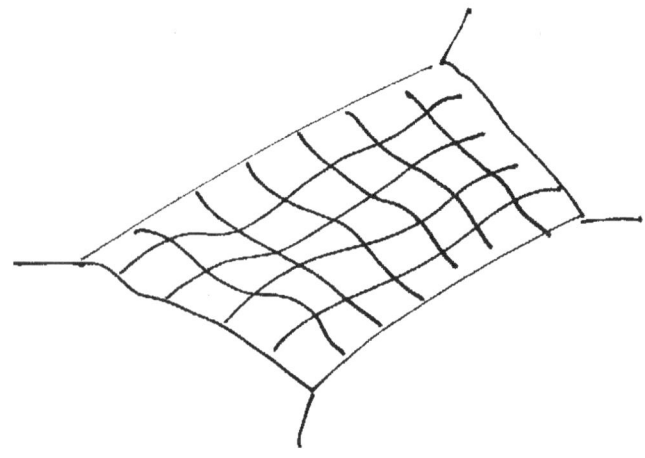

Prinzipien des Netzwerkens

Um Netzwerken zu einem angenehmen, positiven und erfolgreichen Miteinander zu machen, gibt es zwei Prinzipien zu beachten:

- Wechselseitigkeit der Leistung
- Eigenverantwortung

Wechselseitigkeit der Leistung

Schnorrer werden in Netzwerken schnell erkannt und ausgegrenzt. Auch hier ist der sicherste Weg zum Erfolg, in Vorleistung zu gehen und so ein gegenseitiges Geben und Nehmen möglich zu machen. Das heißt jedoch nicht, dass auf jede Leistung eine direkte Gegenleistung folgen muss: Stattdessen hat A eine Information für B, C etwas für A und D für B. So hat jeder Teilnehmende etwas davon und mittel- bis langfristig wird ein Ausgleich geschaffen. Stellen Sie sich das Netz einmal bildhaft vor: Wenn an einem Knoten gezogen wird, bewegt sich die ganze Struktur.

Eigenverantwortung

Einerseits kommt hier zum Tragen, dass Ihre Empfehlungen innerhalb des Netzes Hand und Fuß haben müssen: Sie bürgen sozusagen mit Ihrem Namen für Ihren Hinweis. Darüber hinaus ist aber auch jede Person für das, was sie tut, verantwortlich; insbesondere für die Entscheidung, wozu sie Ja oder Nein sagt!

Was hindert beim Netzwerken?

Über den schlechten Ruf von Seilschaften hinaus, wird Netzwerken vor allem von Konkurrenzdenken behindert. Es lebt jedoch gerade von gegenseitiger Unterstützung.

So wird Ihr Stil lebendig – Netzwerken und Smalltalk im Alltag

Besonders diese Denkfehler sind dabei von Bedeutung:

- Wissen ist Macht
- Manche Menschen sind bedeutungslos
- Nur bestimmte Menschen sind interessant

Wissen ist Macht

Genauer müsste es wohl heißen: Ungeteiltes Wissen ist Macht. Im Gegensatz dazu bin ich davon überzeugt, dass ein Austausch von Kenntnissen für alle Seiten zu größerem Erfolg führt. Mit Informationen zu geizen ist überholt; nicht umsonst gibt es in vielen Firmen große und kostspielige Projekte zum Thema „Wissensmanagement". Bauen Sie Ihr eigenes Wissensnetz auf!

Manche Menschen sind bedeutungslos

Glauben Sie, dass ältere Menschen viele wichtige Erfahrungen einbringen können? Oder denken Sie, dass jüngere Menschen ein besonderes Maß an Schwung und neuesten Erkenntnissen mitbringen? Viele Menschen schließen einen der beiden Aspekte aus, halten Ältere oder Jüngere für wichtiger. Wenn Sie allerdings beide Fragen positiv beantworten können, sind Sie in der Lage, von allen Seiten zu profitieren. Allerdings brauchen Sie auch hier ein hohes Maß an Offenheit und Geschick, um diese zu verbinden.

Nur bestimmte Menschen sind interessant

Vor wem haben Sie Respekt? Vor Menschen mit Titeln – Doktoren, Professoren, Adligen – oder vor Praktikern, Handwerkern? Lassen Sie sich nicht von Titeln oder Namen täuschen. Die größtmögliche Vielfalt von Kenntnissen, Erfahrungen und Verbindungen ist es, die Ihr Netzwerk tragfähig und interessant macht.

So brechen Sie auf

Diese Hemmschwellen lassen sich überwinden, indem Sie dreimal aktiv werden:

- Gehen Sie in Vorleistung: Tun Sie etwas für die anderen (das gilt auch hier)

- Scheuen Sie sich nicht, andere um etwas zu bitten

- Stellen Sie Ihr eigenes Licht nicht unter den Scheffel

Um nun den Zusammenhang zwischen Smalltalk und Netzwerken zielgerichtet zu nutzen, bedarf jede Smalltalk-Situation der Nachbereitung – und die beginnt bereits beim Abschied.

Abschied

Während Sie im Kapitel zum Abschied über die Aufbruchsignale lesen konnten, geht es hier vielmehr um die Vorbereitung, das Gespräch weiterzuführen. Suchen Sie nach Möglichkeiten, sich im Anschluss auf das Gespräch rückzubeziehen und sich in Erinnerung zu bringen, indem Sie noch beim Abschied

- eine Aktion ankündigen oder

- einen Blick in die Zukunft werfen.

Zudem können und sollten Sie sich bei Ihrem Gastgeber nochmals schriftlich bedanken. Auch damit haben Sie Gelegenheit, weitere Punkte aufzugreifen.

Abschied als Beginn des aktiven Netzwerkens

- Eine Aktion ankündigen: Machen Sie ein Versprechen, das Sie in den nächsten Tagen einhalten. Zu einem Thema Ihres Gesprächs haben Sie vielleicht einen interessanten Artikel parat, den Sie schicken oder faxen können. Oder Sie schauen nach der genauen Internetadresse dieser

---

noch: Abschied als Beginn des aktiven Netzwerkens

interessanten Web-Seite zum Thema und geben sie weiter. Lassen Sie sich etwas Passendes einfallen und kündigen Sie das Ihrem Gesprächspartner auch an. Spätestens jetzt haben Sie einen Grund, Ihre Visitenkarten auszutauschen.

■ Einen Blick in die Zukunft werfen: „Lassen Sie uns …" könnte Ihr Zaubersatz werden. Bereiten Sie einen zukünftigen Kontakt vor, der Ihren Gesprächspartner mit einschließt. Sie können sich zum Thema Ihres Gesprächs nochmals treffen, um es zu vertiefen, oder gemeinsam den besonderen Kinofilm, die schöne Ausstellung ansehen. Machen Sie Ihr Vorhaben schon so konkret wie möglich, aber anders als im „reinen Business" überfordern Sie Ihr Gegenüber noch nicht mit einer Terminvereinbarung. Der Zwischenschritt, zur Terminvereinbarung erst noch zu telefonieren, ist ein wichtiges Mittel, die relative Unverbindlichkeit des Smalltalks aufrechtzuerhalten. So können Sie locker und ungezwungen plauschen, ohne langfristige belastende Folgen fürchten zu müssen.

Nachbereitung

Wenn Sie wieder zu Hause sind, geht es an die Nachbereitung. Sie ist das A du O auf dem Weg vom Smalltalk zum Netzwerken.

Notieren Sie die Informationen, die Sie erhalten haben. Welches Gesicht zu welcher Visitenkarte gehört, über welche Themen Sie gesprochen haben, was Sie über die Person erfahren konnten: All das will festgehalten sein. So bauen Sie Stück um Stück Ihre persönliche Netz-Kartei auf.

Hatten Sie Ihre Visitenkarten griffbereit? Falls nicht, reichen Sie Ihre Kontaktdaten nach – am besten gleich mit einer interessanten Information für Ihr Gegenüber und einem freundlichen Dank für das Gespräch. Sie haben eine Aktion angekündigt, ein Versprechen gemacht? Halten Sie es! Und nutzen Sie die nächstbeste Gelegenheit, sich – möglichst innerhalb der nächsten zwei Wochen – in Erinnerung zu bringen.

So pflegen Sie Ihre Kontakte

Durch Smalltalk geknüpfte Kontakte müssen gepflegt werden, damit ein aktives Netzwerk entstehen kann. Dabei haben Sie vielerlei Möglichkeiten. Zunächst jedoch zu den Prinzipien:

Prinzipien der Kontaktpflege

- Agieren Sie zeitnah

- Zeigen Sie sich erkenntlich

- Bringen Sie Ihre persönliche Note ein

- Melden Sie sich regelmäßig

- Gestalten Sie die Kontaktpflege unkompliziert

Agieren Sie zeitnah

Achten Sie darauf, grundsätzlich schnell zu reagieren. Wenn Sie eingeladen werden, eine Information erhalten oder in jedem anderen Fall: Antworten Sie möglichst postwendend, also innerhalb der nächsten zwei bis drei Tage (telefonisch oder per E-Mail möglichst innerhalb eines Tages). Können Sie in dieser Zeit noch keine klare Auskunft geben, so bedanken Sie sich zumindest und kündigen die ausführlichere Information an.

Zeigen Sie sich erkenntlich

In den selteneren Fällen werden Sie sich direkt für eine Gefälligkeit revanchieren können. Das sollte Sie jedoch nicht daran hindern, für Ihren schnellen Dank auch eine kleine Geste parat zu haben. Hier kann bereits Ihre persönliche Note ins Spiel kommen: besondere (selbst gezeichnete) Bilder oder Karikaturen als Dankeskärtchen, Minibüchlein und jede Art von passendem Gegenstand – vielleicht ein Streichholzbriefchen als Dankeschön für die „zündende Idee".

Wichtig: Alles in allem sollte Ihr Dank den Wert widerspiegeln, den die Hilfe des anderen für Sie hatte!

Bringen Sie Ihre persönliche Note ein

Es ist längst eine Selbstverständlichkeit, dass Sie zum Beispiel Dankes- oder Glückwunschkarten individuell texten und von Hand schreiben. Der schöne Füller ist dadurch längst über ein Statussymbol hinausgewachsen. Nun heißt es: Geben Sie allem, was Sie tun, Ihre persönliche Note. Ziel ist es, dass Ihr Umfeld sofort weiß, das kann nur X gewesen sein, das kann nur von Y kommen.

Melden Sie sich regelmäßig

Zunächst heißt das natürlich, pflegen Sie Ihre Kontakte so, dass Sie darauf zurückgreifen können, wenn Sie Hilfe brauchen. Kennen Sie nicht auch Menschen, die sich nur dann melden, wenn sie etwas wollen? Im Allgemeinen nehmen wir das übel; fangen Sie also frühzeitig an.

Ihre Netzwerk-Kontakte müssen keine Freundschaften sein. Regelmäßige Pflege heißt also nicht, in ständigem Kontakt zu sein. Halten Sie die Menschen auf dem Laufenden über größere Veränderungen in Ihrem Leben. Melden Sie sich dabei mindestens alle sechs Monate – so lange läuft im Zweifelsfall auch ein Nachsendeauftrag. Ansonsten haben natürlich verschiedene Menschen einen verschieden hohen Bedarf an Kontaktfrequenz. Tragen Sie dem Rechnung.

Wichtig: Auch und gerade in schwierigen Zeiten gilt: Melden Sie sich regelmäßig. Menschen, die sich in einer Umbruchphase befinden, sind auf Dauer meist nicht die vielfältigsten und unterhaltsamsten Partner. Das bekommen sie auch zu spüren: Viele Kontakte brechen in schwierigen Situationen ab. Hier sind Sie gefragt, um mit Geduld und auch etwas Hartnäckigkeit am Ball zu bleiben. Das wird sich Ihr Gegenüber merken und Ihnen in besseren Zeiten vielfach vergelten.

Gestalten Sie die Kontaktpflege unkompliziert

All diese Hinweise klingen nach viel Arbeit. Machen Sie sich die Kontaktpflege also nicht unnötig kompliziert: Nutzen Sie E-Mail und Fax, schreiben Sie Blitzantworten auf das Original (handschriftlich ist sowieso viel persönlicher) und haben Sie stets eine Auswahl an (Schmuck-)Postkarten und (Sonder-)Briefmarken zur Hand.

Praxis-Tipp:

Die „Goldene Regel" der Kontaktpflege lautet: Denken Sie an die anderen! Halten Sie stets Augen und Ohren offen nach Informationen für Ihre Netzwerker.

Wie groß Ihr Netzwerk ist, hängt auch davon ab, wie viele Kontakte Sie entsprechend pflegen können. Hier einige Möglichkeiten:

Verschiedene Möglichkeiten der Kontaktpflege

- Nutzen Sie den internationalen Kalender und gratulieren Sie zu Geburtstagen (auch der Partner oder Kinder), Namenstagen, Feiertagen etc. und senden Sie eventuell sogar Geschenke (individuell, phantasievoll, überraschend, angemessen).

- Nehmen Sie persönliche, unternehmerische und organisatorische Veränderungen Ihrer Netzwerker wahr und beglückwünschen Sie sie.

- Informieren Sie über eigene Veränderungen, aktuelle Projekte, Interessen.

- Schicken Sie interessante Zeitungsausschnitte, Artikel, Buch- und Restauranttipps, Web-Adressen, Termine und andere Informationen zu den Herzblut-Themen Ihrer Kontakte.

- Nutzen Sie (berufliche) Zwischenstopps in den Wohnorten Ihrer Netzwerker, um sie zu treffen.

- Besuchen Sie Lokalereignisse und seien Sie präsent – bei Einladungen, Feiern, Vorträgen etc.

- Nutzen Sie Mitteilungsblätter oder geben Sie selbst eines heraus.

noch: Verschiedene Möglichkeiten der Kontaktpflege

- Stellen Sie Kontakte zwischen Dritten her.

- Packen Sie bei den verschiedenen Gelegenheiten mit an und übernehmen Sie (öffentliche) Aufgaben.

Ihr Ziel, Ihr nächster Schritt: Gehen Sie es an!

Haben Sie sich den einen oder anderen Tipp vorgemerkt? Nun geht es darum, die erfolgreiche Umsetzung dieser Anregungen in Ihren Alltag zu schaffen. Das Wichtigste ist, Schritt für Schritt vorzugehen, und konsequent zu üben. Übrigens: Auch zum Üben bieten sich Netzwerke an.

Netzwerke als Übungsmöglichkeiten

Drei unterschiedliche Arten von Netzen lassen sich prinzipiell unterscheiden:

- private Netzwerke

- institutionalisierte Netzwerke

- Ihr persönliches Netzwerk

Zu den privaten Netzwerken zählen insbesondere Freunde, Bekannte, Familie, Verwandtschaft, Arbeitskollegen, ehemalige Schul- und Studienkameraden und Nachbarn.

Institutionalisiert sind Netzwerke, die über eine Organisation verfügen und sich bestimmten Zielen verpflichtet sehen. Solche Zusammenschlüsse finden Sie beispielsweise in Berufsverbänden, Ehemaligenclubs, Wirtschaftsverbänden, Musikvereinen, Sportvereinen und -clubs, Weiterbildungskursen, (Kirchen-)Gemeinden,

So wird Ihr Stil lebendig – Netzwerken und Smalltalk im Alltag

Frauennetzwerken, Herrenclubs, Wohltätigkeitsorganisationen, Stiftungen, Expertennetzwerken, Kammern, Parteien, Selbsthilfegruppen, in Krabbelgruppen, in der Jugendarbeit und anderen Zirkeln.

Ihr persönliches Netzwerk sind diejenigen Kontakte und Menschen aus Ihrem Umfeld, die Sie dafür auswählen und die auch selbst Interesse an einem Netz-Kontakt mit Ihnen haben. Sie entstammen den privaten und institutionalisierten Netzwerken, in denen Sie sich bewegen oder bewegten, und bilden sozusagen Ihren „engeren Kreis". Viele dieser möglichen Kontakte sind im Lauf der Jahre eingeschlafen oder Ihnen einfach nicht bewusst. Hier hilft eine Bestandsaufnahme:

Bestandsaufnahme möglicher Kontakte

- Definieren Sie Ihre Netzwerk-Ziele

- Durchsuchen Sie alle (alten) Adressbücher, Zeitplansysteme, Fotoalben, Familienalben, Poesiealben, Jahrbücher, Mitgliederlisten, Briefsammlungen, Dateien nach möglichen Netzwerk-Kontakten

- Listen Sie auf: Kunden, Geschäftspartner, Dienstleister (z. B. Ärzte, Banken, Reisebüros, Versicherungen, Restaurants, Kneipen, Sportstudio, Händler)

Hilfreiche Leitfragen

- Zu welchen Menschen will ich eine Beziehung aufbauen?

- Welchen Nutzen erhoffe ich mir von diesen Menschen?

- Welchen Nutzen kann ich ihnen bieten?

- Welche gemeinsamen Interessen, Ereignisse, Erlebnisse oder gemeinsame Bekannte verbinden uns?

---

noch: Hilfreiche Leitfragen

■ Was hindert mich daran, mit diesen Menschen Kontakt aufzunehmen?

■ Wie kann ich diese Hindernisse überwinden?

Konnte ich Sie begeistern, Ihr eigenes persönliches Netzwerk auf- oder auszubauen? In den Literaturhinweisen finden Sie weiterführende Buchtipps.

Ihre Zielformulierung

Mein Ziel:

Datum   Unterschrift

So wird Ihr Stil lebendig – Netzwerken und Smalltalk im Alltag

Bitte beschreiben Sie in wenigen prägnanten Sätzen Ihr persönliches Ziel. Haben Sie mehrere Ziele? Dann verdient jedes davon eine eigene Beschreibung und ein eigenes Blatt Papier. Beachten Sie, dass Sie dabei diese Fragen beantworten:

- Was will ich erreichen?
- Welche Teilziele beinhaltet das?
- Wie will ich es tun?
- Wer hilft mir dabei?
- Welche Widerstände sind zu überwinden?
- Wann will ich das Ziel erreicht haben?
- Wie kontrolliere ich die Zielerreichung?
- Wie belohne ich mich für meinen Erfolg?

Versehen Sie Ihr Ziele-Papier mit Datum und Unterschrift, so verpflichten Sie sich stärker selbst. Und nun: Viel Spaß und Erfolg bei der Umsetzung!

Der nächste Schritt

Mein nächster Schritt

Bitte bedenken Sie: Wenn Sie sich jetzt vornehmen, bei Gelegenheit bzw. demnächst etwas zu tun, sinkt die Wahrscheinlichkeit, dass Sie tatsächlich eine Änderung angehen, erheblich. Beginnen Sie innerhalb der nächsten zwei Tage, indem Sie zumindest einen Plan aufstellen oder sich einen Termin notieren. Oder besser noch: Beginnen Sie jetzt!

Literaturhinweise

Asgodom, Sabine: Eigenlob stimmt. Erfolg durch Selbst-PR, Econ & List, 1999

Barlow, Janelle/Moller, Claus: Eine Beschwerde ist ein Geschenk. Der Kunde als Consultant, Ueberreuter, 1997

Baur, Eva Gesine: Leicht gesagt. Die große Kunst des Smalltalks, dtv, 2001,

Birkenbihl, Vera F.: Humor. An Ihrem Lachen soll man Sie erkennen, mvg, 2001

Birkenbihl, Vera F.: StoryPower. Welchen Einfluß Stories auf unser Denken und Leben haben, mvg, 2001

Bischof, Anita/Bischof, Klaus: Besprechungen. Effektiv und effizient, sts Tascheguide, 1997

Blanchard, Kenneth/Bowles, Sheldon: Wie man Kunden begeistert. Der Dienst am Kunden als A und O des Erfolgs, Rowohlt, 2000

Bragg, Mary: Auf leisen Sohlen zum Erfolg. Der diskrete Charme der Einflussnahme, Klett-Cotta, 1999

Castiglione, Baldassare: Der Hofmann. Lebensart in der Renaissance, Wagenbach, 1996

Cerwinka, Gabriele/Schranz, Gabriele: Die Macht des ersten Eindrucks. Souveränitätstips – Fettnäpfe – Small talks – Tabus, Ueberreuter, 1998

Diethe, Ulrich: Reklamationen als Chance nutzen. Kunden zufrieden stellen. Imageverluste vermeiden. Umsätze sichern, moderne industrie, 1998

Ditko, Peter H./Engelen, Norbert Q.: In Bildern reden. So entdecken Sie Ihre rhetorische Kraft, Econ & List, 1999

Fey, Gudrun: Kontakte knüpfen und beruflich nutzen. Erfolgreiches Netzwerken, Fit for business, 2002

Fey, Gudrun: Gelassenheit siegt! Mit Fragen, Vorwürfen, Angriffen souverän umgehen, Fit for business, 2002

Literaturhinweise

Finkbeiner, Heiner/Schmitt, Adalbert/Schuhbeck, Alfons: Der perfekte Gast im Restaurant, Augustus, 1997

Hahn, Rolf-Michael/Stickel, Nicolai: Gut gefragt ist fast gewonnen. Erfolgreiche Fragetechniken für Beruf und Privatleben, Rowohlt, 2000

Hausladen, Anni/Laufenberg, Gerda: Die Kunst des Klüngelns. Erfolgsstrategien für Frauen, Wunderlich, 2000

Herbst, Dieter: Interne Kommunikation, Cornelsen, 1999

Hirscher, Petra: Der moderne Knigge für Alltag & Beruf. Gutes Benehmen und gelungener Smalltalk, Neuer Honos, 2000

Knigge, Adolph Freiherr von: Über den Umgang mit Menschen. Hrsg. von Gert Ueding, Insel, 1977

Lorenzoni, Brigitta/Bernhard, Wolfgang: Professional Politeness. Die Anti-Ellbogen-Strategie für Ihren persönlichen Auftritt im Beruf und im Privatleben, Metropolitan, 2001

Märtin, Doris/Boeck, Karin: small talk. Die hohe Kunst des kleinen Gesprächs, Heyne, 1998

Naumann, Frank: Die Kunst des Smalltalk. Leicht ins Gespräch kommen, locker Kontakte knüpfen, rororo, 2001

RoAne, Susan: Sag doch einfach Hallo! Wie man in Gesellschaft selbstbewusst auftritt und schnell Kontakte knüpft, Bastei Lübbe, 1998

Scheler, Uwe: Erfolgsfaktor Networking. Mit Beziehungsintelligenz die richtigen Kontakte knüpfen, pflegen und nutzen, Campus, 2000

Schoeller, Heidi/Seeling, Charlotte: Kunst der Gastlichkeit. Geselligkeit, Feste und Gäste. Von der Tee-Einladung bis zum großen Empfang. Wie alles perfekt gelingt, Mosaik, 1995

Schott, Johanna/Steinke, Klaus: Souverän telefonieren. Den richtigen Ton finden; was Ihre Stimme verrät; Tipps und Tricks zum Telefonieren, Fit for Business, 2001

Schulz von Thun, Friedemann/Ruppel, Johannes/Stratmann, Roswitha: Miteinander Reden: Kommunikation für Führungskräfte, rororo, 2000.

Ueding, Gert/Steinbrink, Bernd: Grundriss der Rhetorik. Geschichte, Technik, Methode, Metzler, 1994

Ueding, Gert: Klassische Rhetorik, Beck, 2000

Veller, Andrea: Manieren sind in. Der Stil-Berater für Beruf und Alltag, Markt + Technik, 2001

Walterskirchen, Helene: Streite dich nicht – gewinne! Zeitgemäßes Konflikt-Management, Ullstein, 1999

Weiser, Melitta: Selbstdarstellung & Selfmarketing. So werden Sie eine unverwechselbare Persönlichkeit, Fit for Business, 2001

Wittel, Andreas: Belegschaftskultur im Schatten der Firmenideologie. Eine ethnographische Fallstudie, Ed. Sigma, 1996

Wolff, Inge: Umgangsformen. Ein moderner Knigge, Falken, 2000

Zunin, Leonard: Kontakt finden. Die ersten 4 Minuten sind entscheidend!, mvg, 1998

Audiokassetten und CDs

Barker, Alan: 30 Minuten bis zur effektiven Besprechung, Gabal, Offenbach, 2000, 1 Audiokassette

Fey, Gudrun: Sag's positiv! Power Talking, study & train, Stuttgart, 2002, 1 CD

Fey, Gudrun: Souverän umgehen mit Fragen, Vorwürfen und Angriffen, study & train, Stuttgart, 2001, 1 CD

Schäfer-Ernst, Barbara: Vom Small Talk zum Netzwerken. Kleine Gespräche mit großer Wirkung, study & train, Stuttgart, 2001, 2 CDs

Steinke, Klaus: Kompetent und kundenfreundlich telefonieren, study & train, Stuttgart, 2002, 2 CDs

Dank

Meine rhetorische Arbeit ist – über das Studium bei Professor Ueding hinaus – von verschiedenen Seiten geprägt: Mein spezieller Dank gilt Dr. Gudrun Fey und Klaus Steinke (www.study-train.de), ohne deren langjährige Unterstützung und Initiative dieses Buch nicht geschrieben worden wäre. Besonders beeinflusst durch Frau Dr. Fey und ihre Arbeit sind die Inhalte zum Thema Netzwerken. Vielen Dank auch an Renate Weiß (www.style-manners.de) für ihre freundliche und kompetente Beratung in Sachen Umgangsformen und an all die Klienten und Seminarteilnehmenden, an deren Praxisbeispielen ich teilhaben durfte.

Dass all dies überhaupt möglich war, verdanke ich jedoch der grenzenlosen Geduld und vielfältigen liebevollen Unterstützung meines Mannes, Holger Ernst, dessen Zeichnungen mir besondere Freude bereiten.

Seminare mit Barbara Schäfer-Ernst

Haben Ihnen meine Anregungen gefallen? Ich freue mich über Ihr Feedback. Gerne bin ich auch zu Beratungen und Workshops für Sie da:

Barbara Schäfer-Ernst
Bühlenstraße 86
71088 Holzgerlingen
Tel.: (0 70 31) 60 35 44
Fax: (0 70 31) 60 35 64
E-Mail: hallo@barbara-schaefer-ernst.de

Schnell nachschlagen

Schnell nachschlagen

Schnell nachschlagen